我
思

敢于运用你的理智

哲学原理 方法论

〔法〕笛卡尔 著

关文运 译

长江出版传媒

崇文书局

图书在版编目（ＣＩＰ）数据

哲学原理　方法论 /（法）笛卡尔著；关文运译
. -- 武汉：崇文书局，2024.3（2025.3重印）
（崇文学术译丛·西方哲学）
ISBN 978-7-5403-7593-5

Ⅰ．①哲… Ⅱ．①笛… ②关… Ⅲ．①哲学理论－法
国－近代 Ⅳ．① B565.21

中国国家版本馆 CIP 数据核字（2024）第 032853 号

哲学原理　方法论
ZHEXUE YUANLI FANGFALUN

出 版 人　韩　敏
出　　品　崇文书局人文学术编辑部 · 我思
策 划 人　梅文辉(mwh902@163.com)
责任编辑　黄显深(bithxs@qq.com)　鲁兴刚
装帧设计　书与设计工作室
责任印制　李佳超
出版发行　长江出版传媒｜崇文书局
地　　址　武汉市雄楚大街 268 号 C 座 11 层
电　　话　（027）87677133　邮政编码　430070
印　　刷　武汉中科兴业印务有限公司
开　　本　880mm×1230mm　1/32
印　　张　6.375
字　　数　132 千
版　　次　2024 年 3 月第 1 版
印　　次　2025 年 3 月第 2 次印刷
定　　价　38.00 元
（读者服务电话：027—87679738）

目　录

哲学原理

方法论

附　录

哲学原理

序　言

（作者致法文译者的一封信，兼作序言）

先生：

　　您所不辞辛苦译出的这部哲学，是很精美完善的，因此，我就料到将来读这部作品的法文本的人会比读拉丁文本的人多，而且，他们也会更能理解我的作品。我所唯一顾虑的是：人们如果不曾受过教育，或者因为自己所学的哲学不能满意，因而鄙视哲学，则我这部书的标题或许就会使他们退缩不前。因为这种缘故，所以我想我应该写一篇序言，一以指示出我的作品的内容，一以指示出我写此书的目标，一以指示出我们由此所可得到的利益。不过我虽然比任何别人都应该更详细地知道那几点，而且应该写这样一篇序言，可是我在这里也只能把此书中所讨论到的主要各点加以简略的叙述。此外先生如认为有应行公诸世人的地方，那就请先生斟酌取舍了。

　　首先，我要在此书中先解释什么是哲学，在这里，我是从最寻常的事情起首的；就如说哲学一词表示关于智慧的研究，至于智慧，则不仅指处理事情的机智，也兼指一个人在立行、卫生和艺术的发现方面所应有的完备知识而言，至于达到这些目的的知识，一定是要由第一原因推演出的。因此，要研究获得知识的方法（正好称为哲学思考），则我们必须起始研究那些号称为原理的第一原因。这些原则必须包括两个条件。第一，它们必须是明白而清晰的，人心在注意思考它们时，一定不能怀疑它们的真理。第二，我们关于别的事物方面所有的知识，一定是完全依靠于那些原理的，以至于我们虽可以离开依靠于它们的事物，单独了解那些原理；可是离开那些原理，我们就一定不能知道依靠于它们的那些事物。因此，我们必须努力由那些原则，推得依靠于它们的那些事物方面的知识，以至使全部演绎过程中步步都要完全明白。只有上帝确是全知的，那就是说只有他对于万物有完全的知识。不过我们也可以按照人们在最重要真理方面所有的知识之为大为小，说他们的智慧为较大的或较小的。我相信，我所说的这一番话都是一切学者所不能不同意的。

其次我就要提议考察哲学的功用，并且在同时指示出，哲学既包括了人心所能知道的一切，我们就应当相信，我们所以有别于野人同生番，只是因为有哲学，而且应当相信，一国文化和文明的繁荣，全视该国的真正哲学繁荣与否而定。因此一个国家如果生下了真正的哲学家，那是它所能享受的最高特权。此外，我该已经指示出，说到各人，则不仅与那些专攻哲学的人交往对他有益，而且他如果能亲身来研究，那是再好不过的。这正如一个人无疑地宁可用自己的眼来指导自己的步履，来享受美丽的光色，而不应当盲目地随顺别人的指导；虽则后边这种做法，当然比闭了眼睛，不用指导，只靠自己为好。不过人们如果只图生活而无哲学思考，那正如同闭了眼睛，不想再睁开它们一样。不但如此，视觉所给我们的观赏之乐，还远不及哲学的发现所给我们的满意。最后，我们还可以说，在支配行为，适应人生方面讲，哲学的研究，要比眼在指导步履方面讲，还更为迫切需要。畜类因为只有身体可保存，所以它们只是不断地追求营养的物品；至于人类，他们的主要部分既然在乎心灵，他们就应该以探求学问为自己的主要职务，因为学问才是人心的真正营养品。此外，我还相信，许多人只要希望在哲学方面有所成功，并且知道自己在哲学方面的才能只到了何种程度，则他们一定不会在研究哲学时有什么失败。任何卑鄙的人心，亦不会一往不返地固囿于感官对象中，不能稍有一时弃掉它们，来追求较高的好事，虽然他也往往不知道如何才是好事。就是幸运的最大宠儿（富贵尊荣的人们），亦同别人一样，不能免于这种追求。不但如此，我还相信，这类人虽然享有这些好事，可是他们还深深叹息自己得不到更伟大、更完全的善。不过所谓最高的善，若但就自然的理性所指示的而论，而不就信仰的光亮所指导的而言，这种善正是我们借第一原因所知道的真理，也就是哲学所研究的那种学问。这些特殊情节既都是分明真实的，所以我们如果想使人们相信它们的真理，只需把它们原原本本叙述出来就是。

　　不过人既然经验到，自夸为懂得哲学的人们往往比从来不研究哲学的人们还不明智，还少理智，因此，他就会不肯同意我这些学说。为解除这种疑惑起见，我想我已在此处约略地解释了，我们现在所有的科学内容如何，我们的智慧究竟达到哪些等级。第一级智慧所包括的意念，本身都是很明白的，我们不借思维，就可以得到它们；第二级包括着感官经验所指示的一切；第三级包括着别人谈话所教给我们的知识；此外，还可以加上第四级，就是读书，不过我所谓读书只是说读那些能启发人的著作家的作品，而不是说读一切作品，这种读书亦正仿佛是我们同作者谈话一样。据我看来，我们寻常所有的知识，都是由这四种途径获得的。在这里，我并不把神圣的启示归在这些途径之中，因为它不是循序渐进地指导我们，而是立刻使我们升到确定的信仰。

不过在往古来今，许多大才都曾努力找寻第五条达到智慧的道路——比其余四条确定万倍，高妙万倍。他们所试探的途径，就是要寻找第一原因和真正原理，并且由此演绎出人所能知的一切事物的理由。哲学家的头衔多半就是授与这一类人的。我觉得，直到现在还不曾有一个人完成这种事业。著作流传于后代的首要的哲学家就是柏拉图和亚里士多德，不过他们两人亦无甚差异，所差异的只在于他们一为坦白，一为不坦白。柏拉图追踪其先师苏格拉底的后尘，坦白地承认了自己原不能找寻出任何确定的事理来，而且他只是把自己所认为大概可靠的事理写出来，亦就算了；为了这个目的，他只想象出一些原理，努力以之来解释别的事物。至于亚里士多德的特点则是没有那样坦白，他虽然给柏拉图做了二十年弟子，而且他也没有什么胜于其师的原理，可是他的讲学方法一反其师之所为，他往往把自己大概也并不能认为真实的事理，说成是真正而确定的。不过这两个人，因为已由前述四种方法得到许多见识和学问，而且这些特长又把他们的权威弄得高不可攀，因此，后来继承他们的人们只愿意信服他们的意见，而不肯亲自来追寻一些更高明的意见。他们弟子们所聚讼纷纭的主要问题是：我们还是应当怀疑一切事物，还是应当确认一些事物。这种辩论使他们双方都陷于极荒谬的错误。因为主张怀疑的那一部分人，甚至于怀疑到人生的行动，以至忽略了支配行为的日常规则；至于主张确信的人们，则以为确信必须依靠感官，因此，他们就完全信托感官。伊壁鸠鲁主张此说最力，据说，他甚至敢于违反一切天文家的推论，说太阳正如我们所看见的那样大。

真理是两方面的人所持意见之间的一个中项，因此，我们就看到人们在许多争辩中都有一种错误，就是每一方面的争辩者愈具有反抗精神，他就离得真理愈远。不过过分偏于怀疑的那些人的错误，也并不曾为人所长久相信，至于其反对派的错误，也有几分受了某种学说的改正，依那些学说来讲，感官在许多情况下是可以骗人的。不过我们可以说，确定性不在于感官，只在于具有明白知觉的理解中；而且我们如果只具有由前四级智慧得来的知识，则在人事方面，我们既不当怀疑那些似乎真实的事理，亦不当认为它们是很确定的——我们关于它们的意见总是可以改变的，纵然那些意见是由明白的理性所强示的。不过我虽然指示出这一层来，那些偏重确信的人的错误，仍不曾因此完全被铲除。

近代想做哲学家的大多数人，由于不知道这层真理，或者虽知道而却忽略了它，都盲目地追随亚里士多德，往往曲解了他的著作的本义，并且以各种不相干的意见归诸于他，实则起亚氏于九原，他也恐怕未必承认那些意见。就是不追随他的人们（其中有很大的天才），也在幼时习染了他的意见，因为他的意见已成了学校中主要的教材。因此，他们的心就为偏见蒙蔽，不能冲决藩篱，认识真正的原理。我虽然很敬仰一切哲学家，而且不愿意多肆责难以取憎于人，可是我正可以举出证明来阐明我的说法，而且我也不以为他们能反对我的说法。我可以说，他们所立的原理，是他们所未完全知道的。例如，我知道他们个个都假设，地球上的物体有重力，但是经验虽然明白指示我们说，我们所说的重物体都坠向地心，可是我们并不因此知道重力的本质，并不知道物体之下坠，是凭借何种原因，何种原理，因此，我们就必须由别的来源来求得这种知识。至于说到有些人采用为自己的原理的东西，如真空和原子、热和冷、干和湿、盐、硫磺、水银等事物，也是一样。不过原理如不明白，则不管推论的方法在形式上如何正确，都不能由此得出明确的结论。因此，由这些原理所得出的推论，并不能使他们确知何事物，亦不能使他们在追求学问方面稍进一步。他们纵然偶尔曾发现了任何真理，那也是从上述四种方法中某一种得来的。虽然如此，我并不想贬抑他们每一个人所正当地要求的尊荣；只是为了慰藉那些尚未注意此种研究的人们起见，我不得不说，哲学正如旅行一样，在旅行时，我们如果背向着自己所要去的地方，则我们在新方向中走得愈久愈快，我们就愈远离那个地方，因此，我们后来纵然受人指引，返回正道，我们也不能立刻达到以前预定的地方，好像自己就根本没有走回头路似的。同样，在哲学中，我们如果应用了虚妄的原理，则我们愈仔细琢磨它们，并由此演绎出许多结论来，则我们愈不能认识真理，愈不能得到学问。我们虽然以为自己推论得法，实则我们是离真理愈远。由此我们不得不推论说，人们愈未曾学过冠冕堂皇的哲学一道，他们是愈适于了解真理的。

其次，在阐明那些事物以后，我想指出，我为什么主张那些能借以达到最高智慧即人生至善的真正原理，就是我在这部书中所提示的原理。只需提出两种理由就足以证实我这种说法。第一就是，这些原理是很明白的；第二就是，我们可以由它们推演出别的一切真理来。因为真正的原理所需要的，只有这两个条件。不过我很容易证明它们是明白的；首先是取证于我发现它们时的方式，就是说，我要排斥一切有丝毫可疑的命题，因为任何命题在仔细考察之后，凡不能以此方法排斥的，都确实是人心所能知道的最明白最确定的命题。就如我既然凭思考知道，怀疑一切的人在怀疑时不能怀疑他自身的存在，而且在怀疑一切独不怀疑自己时，能推理的那种东西，不是我们所谓身体，而是我们所谓人心或思想，因此，我就把这种思想的存在认为是第一原理，并且由此分明推得下述的真理：例如说，有一位上帝，他是世上万物的创造者，而且他既是一切真理的源泉，所以他给我们所造的理解力，在对各种事物有了很明白、很清楚的知觉时，它的判断一定不会错误。这些就是我在非物质的对象或形而上的对象方面所利用的原理，由这些原理，我又在物质的或有形的事物方面，极其明白地演绎出别的一些原理来，就是说：有些物体有长、宽、高三个量向，而且它们有各种形相，并且可以在各种途径下被运动。这就是我的总原理，由此我可以推演出一切别的真理来。证明这些原理的明白性的第二个情节就是：它们是各个时代人们所熟知的东西，甚至是一切人类认为真实而不容怀疑的东西加以接受的。只有上帝的存在是被某些人所怀疑的，因为他们过分重视感官知觉，而上帝是既不能见，又不能触的。

不过我所归在我的原理以内的那些真理虽然是自古至今为一切人所知道的，可是据我所知，直到现在，还没有一个人把它们采用为哲学原理，换句话说，他们都不曾以为我们可以由这些原理推演出世界上所有其他任何种知识来。因此，留待我做的工作，就在于指出，这些真理确是有此功用的。在我看来，要想证明这一点，最好是求助于经验的证据；换句话说，就是要请读者披阅我这部书，因为在我的作品中，我虽然不曾论到一切问题（这是不可能的），可是我想，凡我所提到的，我都已解释清楚，因此，他们只要仔细读一遍，就会有理由相信，要想达到人心所能及的最高知识，大可不必追求别的原理，只要有我这些原理就够了。这种情形尤其显然，如果他们在披阅了我的著作之后，费神想一想，有多少问题在此书中已经讨论得很清楚，解释得很明白，并且在参考别人的著作时，他们可以看出，如果他们以异乎我的原理的原理来解释同样问题，他们的理由又是怎样靠不住。为使他们更容易从事这种思考起见，我还可以说，受我学说熏染的人，比未受熏染的人要易于了解他人的著述，易于估量他们的真价。这正与我前边所说的一开头就研究古代哲学的那些人的情况相反，就是说，他们愈研究它，就愈不易正确地了解真理。

关于此书的读法，我也应当附带说几句话。就是我希望读者首先把全书当作一本小说，通体读完，在读的时候，不必过分注意，纵然遇到困难，也不要停住，只求知道我所谈的问题的大概就是。

此后，他如果觉得我所说的事理值得更仔细地考察一番，而且希望知道它们的原因，那么他也可以再读第二遍，以便看到我的推论的前后关系；但是他纵然不能到处明白地发现我的证明的前后关系，或不能理解我的一切推论，他也不要因此就悲观失望，把它搁起来，他只需用笔把困难的地方标出，继续不断地把它读完。以后，他如果不惮烦地把此书再读第三遍，则我相信，他在重新披阅之下，一定会把以前所标出的那些难题解决大半。这时，如果还有任何难题存在，他在再读一遍以后，结果一定能够把它解决。

在考察各种人心的天然能力时，我已经说过，任何智力迟钝的人只要遵循正轨，他一定能了解良善的意见，甚至获得一切最高的科学。这是可以用理性加以证明的；因为我的原理既然很明白，而且由此演绎出来的，只有最明显的推论，因此，任何人都不会智钝识暗地不能了解由此所导出的结论。自然，人们都是不能完全免于受偏见之累的，而且最热心研究伪科学的人们，也是最受它们的害的；不过除此以外，一般中才之士又往往确信自己无才，不肯研究，而在另一方面，则更为热心的人们，又有迫不及待之势：因此，他们又往往接受了远非明白的原理，并且由此推出可疑的结论来。因为这种缘故，我很愿意那些过分怀疑自己才能的人们知道，他们只要肯稍费心思来考察我的著述，他们就可以完全了解其中所说的一切道理。同时我还要警告那些急进的人们，即使是犖犖大才，也必须费许多时间和注意，才能明白我在书中所谈及的各个方面。

其次，为使人们了解我印行这些著述的真正宗旨起见，我还希望在这里说明一下一个人在打算启发自己时我所认为应循的次序。第一点，一个人如果只是由上述的四种途径得到通俗而不完备的知识，则他应该首先努力拟定一套足以支配自己行为的道德规条，一则因为在这方面我们不容迟延，一则因为过好生活，乃是人生的当务之急。再其次，他应当研究逻辑。不过我所说的，不是指经院中的逻辑而言，因为他们的逻辑只是一种辩证法，只教人如何把我们已知的东西来向人解释，只教人没有真知灼见就来絮絮不休地议论我们所不知道的事物，因此，它不能增加人们的良知，而只能毁坏人们的良知。我所说的逻辑，乃是教人如何正确地运用自己的理性，来发现我们尚未得知的真理。这种逻辑既然在很大程度上有赖于熟练，因此，读者应该在简单而容易的问题上（如数学的问题），在长时期内从事练习。他在这些问题方面已经培养出某种发现真理的技巧以后，就可以真诚地专心研究真正的哲学。哲学的第一部分就是形而上学，其中包含各种知识的原理，这些原理中有的是解释上帝的主要品德的，有的是解释灵魂的非物质性的，有的是解释我们的一切明白简单的意念的；第二部分是物理学，在物理学中，我们在找到物质事物的真正原理之后，就进而一般地考究全宇宙是如何构成的；在此以后，我们就要特别考察地球的本性，以及在地球上最常见的一切物体，如水、火、空气、磁石及其他矿石的本性。再其次，我们还必须分别考察动植物的本性，尤其要考察人的本性，这样我们以后才可以发现出有益于人类的别的科学。因此，全部哲学就如一棵树似的，其中形而上学就是根，物理学就是干，别的一切科学就是干上生出来的枝。这些枝条可以分为主要的三种，就是医学、机械学和伦理学。我所谓道德科学乃是一种最高尚、最完全的科学，它以我们关于别的科学的完备知识为其先决条件，因此，它就是最高度的智慧。

不过我们不是从树根、树干，而是从其枝梢采集果实的，因此，哲学的主要功用乃是在于其各部分的分别功用，而这种功用，我们是最后才能学到的。不过我虽然几乎全不知道这些功用，可是我既然一向怀着一种热忱，极愿对公众稍有贡献，所以我在十年或十二年前就印行了一些论说，以发表我所认为一得之愚的一些学说。其中第一部就是《论在科学中正确地运用理性与寻求真理的方法》。在此书中我曾总括地叙述了逻辑的主要规则，和尚未尽美尽善的伦理学的主要规则；这些规则，只是供尚未知道更好原理的人们暂时应用的。至于其他部分则有三部论文。第一就是《折光学》，第二就是《论气象》，第三就是《几何学》。在《折光学》中我曾经计划指示出，在哲学中我们本可以长足进步，借以知道那些有益于人生的各种艺术，因为望远镜的发明（我在其中曾加以解释），乃是从来最困难的一种发明。在《论气象》中，我曾经计划揭露出，我所研究的哲学和经院中所教的哲学虽然往往都研究同一题材，可是它们是有很大差异的。最后，在《几何学》中，我又曾公然证明，我已经发现了前人所不知道的许多事理，这样，为了刺激人们探求真理起见，我又使人有理由相信我们还可以发现出许多别的事理来。自从那时以后，我预料到许多人或者会觉得不易了解形而上学的基础，所以我又在《沉思集》中努力把其中主要之点解释出来。这部书本来不大，不过在此书写就以后，有些博学之士和我曾有过往返辩驳，因此，书的分量就增加了，而其内容亦加以充分例解。后来，我又觉得，前几部论文已经充分使读者的心理有所准备，可以来读这部《哲学原理》了，因此，我就又把它印行出来。这部书我把它分为四部。第一部包括人类知识原理，可以叫作第一哲学或形而上学。不过读者如想明了这一部分，他们应该先读我关于这个题目所写的《沉思集》。至于其余三部分，则包含普通物理学，其中解释了自然的第一法则或原理，并且解释了诸天、恒星、行星、彗星以及全宇宙是如何组成的。再其次，我还特别解释了这个地球的本性，以及地球上常见的空气、水、火、磁石等物体的本性，此外，我还解释了这些物体中所见的各种性质，如光、热、重等。这样，我就似乎已经开始有次序地解释了全部哲学，而且在讨论最后问题以前，我就把预先应行讨论的都讨论过。

不过为了完成这件事业起见，我此后还应以同样方式来解释地球上较特殊的物体的本性，即矿物、植物、动物，尤其是人类的本性。最后，我还要精确地论究医学、伦理学和机械学。要想给世人以一套完整的哲学，这件事情是必须要完成的。假如我能够做各种实验来证实我的理论，建立我的理论，则我一定会鼓起勇气努力来完成这个计划，因为我觉得自己并不很老，也并不怀疑自己的精力，而且也不以为自己求不到所余的知识。不过这种事体既然费用浩大，若无公家之助，以我这样私人的家资实在难以举办。不过公家的帮助既不可期，我相信自己在将来只应该从事于能启发自己的研究，因此，如果我不能为后人工作，他们也许会原谅的。

同时，我在这里还不得不叙述由我的原理所能得到的各种结果，以便使人知道，我在哪一方面觉得自己增进了公共的福利。第一个结果就是，人心在此书中见了以前所不知道的许多真理以后，一定会感到满意，因为真理虽然似乎比较简单而不奇怪，而且不如伪说虚构那样激动人心，可是它所给人的快乐是比较经久、比较坚实的。第二个结果就是，在研究这些原理时，我们会逐渐进步，可以更加准确地判断我们所遇到的各种事物，并且因此增益自己的智慧。在这方面，我的著作的结果，正和普通的哲学的结果相反，因为我们在一般腐儒方面很容易看到，他们在学了哲学之后，反而不能正确地运用其理性，反而不如根本就未学过哲学的人们。第三个结果就是，那些原理所含的真理，是极为明白而正确的，足可排除一切争执的理由，使人心趋向文雅和和谐。至于经院中辩论的结果正与此相反，那些辩论使好辩之士更其好辩，更其固执，因此，现在烦渎世人的那些异端和纷争，或者以这些争论为其主要原因。至于我的这些原理的最后最大的结果就是，人们在研究了它们以后，可以发现我所未曾发见的真理，并且会由此逐渐进步屡有发明，久而久之，对全部哲学得到完全的知识，因而达到最高度的智慧。我的原理正和一切艺术一样，各种艺术在开头虽然是粗糙而不完善的，可是它们只要包含一些真理，而且经验也把它们的结果证明出来，则它们便可以被实践逐渐弄到完善的地步。在哲学方面也是一样，我们只要有真正的原理，则我们跟上它们走，有时一定会遇到具有别的真理的东西。因此，要想证明亚里士多德的原理的虚妄性，最好的方法莫过于说，人们在许多年来，虽然研究它们，可是从未因此在知识方面有何进步。

我很知道，有些人仓卒鲁莽，草率从事，因此，他们纵然有了坚牢的基础，也不能建立起结实的上部建筑。这类人最好著书，因此，他们在短时期内，就会损坏我的一切成就，使我推论方法夹杂怀疑和不明的成分。因为这种缘故，我曾经细心地排斥了那些著述，免得人们认为他们的著述是我的，或是代表我的意见的。在这方面，我不久以前就有一种经验。有一个人（按：即Regius），人们虽然相信他很愿意拳拳服膺我的意见，而且我在别处也说过我相信他很有天才，以至于相信他所信从的意见我一望而知其为我的意见，可是他在去年所印的那部《物理学初步》（*Fundamenta Physicae*）实在不能令我满意。在那部书中，他关于物理学和医学这个题目所写的一切，虽然一部分是由我已经出版的著述中剽窃来的，一部分是由落在他手里的一种尚未完篇的论动物本性的稿子中剽窃来的。可是他却抄袭得太糟了，把次序也颠倒了，把全部物理学所应依据的某些形而上学的真理也否认了，因此，我就不得不完全否认他的作品，而且我要请求读者，任何意见只要不曾明白地在我的著述中表示出来，他们都不要认为它们是我的；而且任何意见不论在我的书中或在别处，如果不是明白地由真正的原理推演出的，他们也不应当认为它们是真实的。

此外，我也知道得很清楚，不定在多少年以后，由这些原理所可能推演出来的一切真理，才能全盘发展。这一则是因为行将发现的更多的真理都依靠于某些特殊的实验，而那些实验是永不会偶然出现的，而是需要大才的操心和费用才能研探出来的。二则因为人们纵然聪明伶俐，可以正确应用它们，可是他们也难以恰好就有资金来应用它们。三则因为绝顶聪明的人们大多数都因为现代通行的哲学缺点很多，对它表示轻视，不肯用心来追求真理。

不过最后我还可以说，这些人如果能看到我这些原理和其他体系的原理有何差异，并且看到由我的原理可以演绎出许多原理来，那也将会使他们看清楚继续追求这些真理的重要性，而且他们会看到，那些原理是宜于领导我们达到高级的知识，以及人生

17

的完美和幸福的。人们如果能看到这一层，则我敢相信，没有一个人会不情愿努力从事于这种有利的研究，或者至少亦会尽力嘉惠和帮助那些有研究成绩的人们的。

我的最高的希望是：后人或者有时会看到这个幸福的结果……

献　辞

（献给最淑静的公主伊丽莎白，即波希米亚王、特殊伯爵和神圣罗马帝国选帝侯腓特烈的长女）

公主——在我的著述印行以后，我由此所得到的最大利益，就是曾经受到您的赏识，并且因此得到殊遇，得与您不时接谈。您一身兼备如许稀世可珍的德性，因此，我相信我应该加以宣扬，以便垂范于天下后世。我是不会谄媚的，而且我所不确知的事物，我也从不肯轻易加以吐露，尤其在这部书中，我既然意在立下真理的原理，更不肯在其篇首就有所妄说。就您仪表行动中处处表示出来的宽惠谦抑之德看来，我敢相信，一个信手直书的人的坦白单纯的判断，要比专工逢迎的人们的华美褒词，更能合乎您的心意。因为这种缘故，我在这封信中所附陈的，没有一件不是我凭经验和理性所深知不疑的，而且在序言和本文中，我所写的都以合乎一个哲学家的身份为度。真德和伪德原有天渊之别，由真确知识而来的那些真德，和带有愚昧与错误的那些真德，也相去很远。我所谓伪德，顾名思义，只是罪恶，这些罪恶因为比其反面的罪恶不常出现，而且它们和那些反面罪恶的距离，也比中道的德性离它们为远，所以人们认为前一种罪恶比那些德性还要贵重。这样，因为过分怕危险的人比过分不怕危险的人为数更多，因此与怯儒相反的蛮勇便被人认为是一种德性，而且人们往常看它比真正的刚毅还要高贵。又例如，浪费之人也比豪爽之士更其得人称赞；而且迷信之士和伪善之辈也更容易获得虔诚的令名。说到真德，它们也不都是发于真知，因为有些真德也是起于人的缺点或错误的。就如知识简单往往使人性善，恐惧使人虔诚，失望使人勇敢。凡伴缺点而来的那些德性，都是互相差异的，而且各有各的名称。至于在真知道善之为善以后所发生的那些纯粹完美的德性，都是性质相同，都可以归在智慧这一名称之下的。任何人只要能恒久不懈地决心正确地运用其理性，并且在其一切行动中，要决心做自己所判断为最好的事情，则在他的本性所许可的范围以内，他已是名副其实地聪明的了。只凭这一点，他就能正直、勇敢、有节制，并具有别的德性。不过他的各种德性都是平均调和的，并无过与不及。因为这种缘故，这些德性虽然比那些杂有缺点而炫耀夺目的德性更为完美一些，可是因为群众不能细加理会，所以他们亦不很常常盛赞这些德性。其次，我还可以说，在这种智慧所必需的两个条件——理解的明悟，意志的倾向——中，只有在意志方面，一切人都有平等的天赋能力，至于在理解方面，则人们的天禀是高下不齐的。不过理解较低的人们虽然在其本性所许可的范围内也是完全聪明的，而且他们虽然也可以借其德性十分取悦于上帝（假如他们能恒久不懈地决心来行其所判断为正直的一切事情，并尽力求知他们所不知的责任），可是人们如果一面具有恒常为善的决心，一面又特别勤于促进自己的知识，一面又有极明白的智力，则他们无疑地比别人更能达到较高的智慧。在我看来，您是圆满地享有这三种特长的。因为第一，您是很爱自修的，这显然可以由下面的情节看出来，就是宫廷的娱乐，和妇人们所受的传统教育（往往足以使她们庸弱无知），都不足以妨害您，使您不以过人的勤苦来研究一切艺术和科学的上乘。至于您的智力之莹彻无比，也有事实可以证明，就是：您已经深研各种科学的奥秘，在很短的时期内就对它们的原原本本，具有真知灼见。不过关于您的智力卓绝，我还亲身有一层更有力的证明，因为我还没有遇到一个人如您那样能通体了解我的著述内容。因为即使在博学多才的人们中间，亦有些人以为我的著述是模糊不清的。此外我还注意到，熟习形而上学的人们，对几何学却完全不感兴趣；而在另一方面，研究几何学的人们，却又没有能力来研探第一哲学。因此，我可以千真万确地说，据我所知，只有您一人的才具是爱好这两种研究的，因此可以说，您的才具是天下无双的了。不过最令我惊服的一点是，老年的博士们多年思索的结果，尚不能对于全部科学得到那样精确而广博的知识，而一位妙龄公主却竟头头是道，这真有些奇特不凡了。以您的容貌和年岁而论，比文艺女神或智慧女神更适于表征美德之一。末了，我还不只看到您具备可以达到完美崇高智慧的一切必要的才具，而且在意志方面或仪表方面，也毫无缺陷。您于威仪严肃之外，又兼具温良文雅，因此，虽处于易于溺人的富贵环境中，仍能卓然独立，不为所移。我不得不对您钦敬万端，因此我不仅认为这部作品应当献给您（因为这篇作品是讨论哲学的，而哲学正是研究智慧的），而且我觉得纵然博得哲学家这一个头衔，也不如给淑静的您做一个虔敬的仆人，更为快乐——

笛卡尔

第一章　论人类知识原理

1.要想追求真理，我们必须在一生中尽可能地把所有事物都来怀疑一次。

从前我们既然有一度都是儿童，而且我们在不能完全运用自己的理性之时，就已经对于感官所见的对象，构成各种判断，因此，就有许多偏见障碍着我们认识真理的道路；我们如果不把自己发现为稍有可疑的事物在一生中一度加以怀疑，我们就似乎不可能排除这些偏见。

2.凡可怀疑的事物，我们也都应当认为是虚妄的。

此外，如果把我们能够怀疑的事物都认为是虚妄的，那也是有益的，这样，我们就可以更加明白地发现出具有最大确实性的和最易认识的事理。

3.在立身行事方面，我们不可同时采取怀疑态度。

同时我还应当说，只有在思维真理时，我们才可以采用这种普通怀疑态度。因为在人事方面，我们往往不得不顺从大概可靠的意见，而且有时我们纵然看不到两种行动哪一种概然性较大，我们也得选择一种，因为在摆脱怀疑之前，往往会错过行动的机会。

4. 我们为什么怀疑可感的事物。

我们现在既然只打算从事研究真理，我们首先就要怀疑：落于我们感官之前的一切事物，和我们所想象的一切事物，其中是否有一种真是存在的。我们所以如此怀疑，第一是因为我们据经验知道，各种感官有时是会犯错误的，因而要过分信赖曾经欺骗过我们的事物，也是很鲁莽的。第二是因为在梦中我们虽然不断地想象到或知觉到无数的物象，可是它们实在并不存在。一个人既然这样决心怀疑一切，他就看不到有什么标记，可借以精确地分辨睡眠和觉醒的状态。

5. 为什么我们也可以怀疑数学的解证。

此外，我们还要怀疑我们一向认为最确定的其他事物，甚至于要怀疑数学的解证，以及我们一向认为自明的那些原理。我们所以要怀疑，第一是因为我们曾经看见人们在这些事体方面犯过错误，而且把我们认为虚妄的事物认为是绝对确定而自明的。不过主要的原因仍是：我们知道创造我们的那位上帝是全能的，因为我们还不知道，上帝是否有意把我们这样创造出来，使我们即使在自己认为最熟悉的事物方面也永远受到欺骗。因为我们的观察既然指教我们，我们有时是要受骗的，那么我们为什么不能永久受骗呢？如果我们认为全能的上帝不是我们人类的创造者，而认为我们是自己存在的，或依靠其他方法存在的，那么，我们愈认为自己的创造者没有权力，我们愈有理由相信我们并不十分完美，以至不会继续受骗。

6. 我们有一个自由意志，可借以不同意于可疑的事物，因而避免错误。

可是，不论创造我们的生命是谁，不论他如何有力，如何骗人，我们依然意识到自己有一种自由，使我们借以不相信任何不明显、不确定的事物，并因而妨止受骗。

7. 我们在怀疑时，不能怀疑自己的存在，而且在我们依次推论时，这就是我们所得到的第一种知识。

我们既然这样地排斥了稍可怀疑的一切事物，甚至想象它们是虚妄的，那么我们的确很容易假设，既没有上帝，也没有苍天；也没有物体；也很容易假设我们自己甚至没有手没有脚，最后竟没有身体。不过我们在怀疑这些事物的真实性时，我们却不能同样假设我们是不存在的。因为要想象一种有思想的东西是不存在的，那是一种矛盾。因此，我思故我在的这种知识，乃是一个有条有理进行推理的人所体会到的首先的、最确定的知识。

8. 我们从此就发现出心和身体的区别来，或能思的事物和物质的事物的分别来。

这就是发现人心本性的最好方法，也就是发现心与身体的差异的最好方法。因为我们既然假设，除了我们的思想以外，没有别物真正存在，那么，我们在考察自己的本来面目时，就分明看到，凡身体所具有的广延、形相、位置的移动，以及其他相似的情节，都不属于我们的本性——只有思想除外。因此，我们对自己的心所具有的意念，是在我们对任何物质事物所具有的意念以前存在的，而且它是较为确定的，因为我们在已经知道自己是在思想时，我们仍然在怀疑有任何身体存在。

9. 思想（cogitatio）是什么。

所谓思想，就是在我们身上发生而为我们所直接意识到的一切，因此，不只是理解（intelligere，entendre）、意欲（velle）、想象（imaginari），就是知觉（sentire，sentir）也和思想（cogitare，penser）无异。因为如果我在说话、看物、行走时，我是存在的；而如果我依靠视觉和走路了解我的眼睛或腿的动作（这些都是身体的动作），那么这个结论就并不是绝对确定的，因为，就如在梦中那样，我虽不会张眼，或移动位置，甚至也许没有身体，可是我也可以设想自己在见物或行走。但是，如果我只指感觉本身，或对于视或行的那种意识，那么这种知识分明是确定的，因为这只是指人心说的，而只有人心才能知觉或意识到自己的视或行的动作。

10. 最简单最自明的意念，往往被论理的定义弄得暧昧起来。我们不应把这些意念归诸由研究得来的认识之列，因为它们是与生俱来的。

我在这里所以不解释我所用过的其他一些名词或下文中将要用的那些名词，乃是因为在我看来，它们的意义是完全自明的。我们常见一些哲学家虽然好以论理的定义来解释那些最简单最自明的真理，可是他们往往正因此陷于错误，因为他们这种做法只会使那些真理更加暧昧。我曾说，在任何能按条理进行推论的人看来，我思故我在的这个命题，是最基本、最确定的。我说这话时，并不因此否认我们必须知道什么是思想、存在和确实性，否认必须知道先存在才能思想的这个真理等等；不过因为这些都是最简单的概念，而且它们自身也不足以使我们认识任何存在的事物，因此，我就觉得，在这里列举它们是不恰当的。

11. 我们如何知道自己的心比知道自己的身体还清楚。

要想使人知道，我们对于心的知识如何比对于身的知识较为在先，较为确定，甚至较为明白，则我们必须说，各种性质是不能属于虚无的，这乃是依照良知可以极其明白看到的一个道理。因此，我们不论在什么地方看到一些性质，在那地方一定有一种事物或实体，为那些性质所依托。这种良知还指示我们说，我们在一种事物或实体中发现的性质愈多，则我们对该事物或实体知道得愈为明白。不过我们在我们心中所见到的性质分明比在任何别的事物中所见到的为多。因为不论在任何场合，我们在知道一种事物时，同时必然更确乎知道我们自己的心。例如，我如果因为触着地球，看到地球，因而判断地球是存在的，则我更可以本着同样根据和更大的理由，相信我的心灵是存在的。因为我虽然以为自己触着地球，可是它也许是不存在的；但是我既然如此判断，则这样判断的心，当然不能不存在。关于呈现于我们的心灵的一切物象，我们都可以如此说。

12. 为什么这层道理不是人人所同样知道的。

那些不曾循序渐进地推论过的人，对于这个题目，或者有别的意见，因为他们根本就不曾很细心地把心和身分别清楚。因为他们虽然不难相信他们自己存在着，而且这种信念比对于任何别种事物的信念还大，可是因为他们不知道，所谓他们自己，是单指他们的心灵说的（如果问题涉及形而上学的确实性）。反而以为他们自己就是眼所见、手所触的那些身体，并且误认那些身体有知觉能力，因此，他们就不能清晰地了解心灵的本性。

13. 在何种意义下，我们对于别的事物的知识是依靠于我们对上帝的知识的。

不过，能这样地自知的人心虽然还在怀疑别的一切事物，可是它在张目四望，以求扩展其知识时，它就在自身中首先发现了许多事物的观念；而且它如果只是思维它们，既不确认，也不否认：除了它自己以外还有别的事物和那些观念相应，那么，它也不至有陷于错误的危险。此外，人心还发现了某些共同意念，并由此构成各种解证，这些解证带着很大的确信，使我们只要注意它们，它们就足以使我们不可能怀疑它们的真实。例如，人心在其自身中就有数目和形相的观念，而且在其普通的意念中，还有"等量加等量，结果亦相等"等原理。由此就容易解证，三角形的三角之和等于两直角等等。我们只要注意这一类的结论所由以推演出来的那些前提，我们就会相信它们的真实。不过，因为人心不能永远注意思维这些前提，当它只记得结论而不记得演绎的步骤，并且不确知造物者是否把它造得易于受骗时（即使在看来最明显的事物方面），它就看到有正当理由可以怀疑那一类结论的真实，并且以为自己在发现它的造物主以前，不能有任何确定的知识。

14.从包含在我们对上帝的概念中的必然存在，我们可以充分推断出他的存在来。

人心后来在复检其具有的各种观念时，它就发现了一个极其主要的观念——一个全知、全能、全善的神明观念。它看到，在这个观念中，不止含有可能的偶然的存在（如它在它所明白知觉到的其他一切事物的观念中那样），而且含有绝对必然的、永恒的存在。例如，因为在三角形的观念中，必然含有"三角之和等于两直角之和"这个观念，因此，人心就坚决相信，三角形的三角之和是等于两直角之和的；同样，它既然看到，在至极完美的神明观念中，含有必然的、永恒的存在，因此，它也当显然断言，这个至极完美的神明就存在着。

15.必然的存在并不在同样方式下包含在我们对别的事物的意念中，其中只含有偶然的存在。

人心如果认为，在它对任何别的事物的观念中，它并不能发现出其中含有必然的存在，则它更容易确信上述结论的真实。因为，只根据这种情节，它就会看出，至极完美的神明观念不是由它自己构成的，而且知道，它不是表象一个幻想，而是表象一个真实不变的本性。这种本性，人心既然只能设想它是必然存在的，因此，它就必然存在着。

16.许多偏见障碍许多人不能明白看到上帝存在的必然性。

我们的心如果首先完全摆脱一切偏见，则它一定不难同意上述的这种真理。但是我们既然在别的一切事物方面惯于分别本质和存在，惯于任意想象许多现在和过去都不存在的事物的观念，那么，我们的思想如果不专心思维至极完美的神明，我们就容易怀疑：我对他所抱的这个观念，是否也是我们任意造成的，或者至少说，是否属于那种并不包含根本存在的事物。

17. 在我们对于一个事物的观念中，客观的（表象的）完美性愈大，则它的原因亦愈完美。

当我们进一步思维我们心中的各种观念时，我们很容易看到，如果我们把它们只当作思想的一些情状来看，它们是没有什么差异的，但如果我们把它们同它们所表象的物象一参照，它们就大相差异了。它们所含的客观的完美性愈大，则它们的原因也愈完美。这种情形正和一个人对于一架极精巧的机器具有观念一样。在这里，我们正有权利询问，他是怎样得到这个观念的，例如，他是在别处见过别人所造的这种机器呢，还是他充分精确地学了机械科学，或者具有充分的天才，不在任何地方看见那类东西，就能够自己发明一个呢。因为所有的巧思妙构，在那个观念中虽只有客观的存在（如在图画中似的），可是它在其原始的主要的原因（不论这种原因是什么）中，一定不仅看客观的或表象的存在，而且还有确实是形式的或显著的存在。

18. 我们由上文所说，又可以推断出上帝的存在来。

这样，因为我们在自己心中发现出上帝（或至极完美的存在）观念来，我们就有权利询问，我们是由什么根源得来这个观念的。我们会发现出，它所表象的那些完美品德是伟大无边的，因而使我们十分相信，我们只能由至极完美的一位神明得到它，也就是由实在存在着的上帝得到它。因为我们可以根据良知明白看到，不止任何事物不能由无中生出，不止更完美的事物不能由不甚完美的事物生出（就是说不甚完美的事物不能为较完美的事物的动因和总因），而且我们自身或身外，如果没有一种原型，实际包括着向我们表象的一切完美品德，则我们便不可能得到任何事物或表象的观念。不过，因为我们绝对不能在自己身上发现出我们对之有观念的那些绝对的完美品德，我们就必须断言，它们存在于与我们的本性不同的一种本性中，那就是说，它们存在于上帝身上，至少曾经在他身上存在过。而且我们可以根据它们的无限性很明白地推断它们仍是在那里的。

19. 我们虽然不能了解上帝的本性，可是我们对于他的完美品德，比对于别的事物还知道得更清楚。

人们如果习于思维上帝这一观念，并且体会他的无限完美的品德，则上述的真理将对他们显得充分确实而明显。因为我们虽然不能了解那些品德（因为无限者的本性就在于其不能为有限事物所了解），可是我们存想起那些品德来，仍比存想物质的事物较为清晰，较为明白。因为，它们是很单纯的，不被界限所障蔽的，因此，我们存想起它们来，便更为清楚。任何观察都不能比这种观察更为重要，更能启发人的理解，因为这个对象的完美品德既无限制，我们在考察它时，就感到满意和确信。

20. 我们不是自己的原因，只有上帝是我们的原因，因此，就有一位上帝。

不过这一层不是人人所曾观察到的。我们在有了精妙机器的观念时，虽然往往很精确地知道自己是由何种方式得到这些观念的，可是我们并不记得，上帝这一观念是在何时传给我们的（因为我们知道它是常在我们心中的），因此，我们必须继续复检，考察我们的造物主，因为我们心中切实具有一位上帝的无限完美品德的观念，因为据良知看来，我们极其清楚，一种事物如果能知道较自己为完美的另一种事物，则它一定不是自己存在的原因，因为若是如此，它就该把自己所知道的完美品德都给了自己。因此，我们只得说，它一定是由具有所有那些完美品德的神来的，也就是说一定是由上帝来的。

21. 只有我们生命的绵延，足以解证出上帝的存在来。

如果我们思考时间的本性，或事物的绵延，我们就会明白看到上述解证的真实。因为绵延之为物，其各部分都是不相依属的，而且是永不共存的。因此，我们不能根据我们目前存在的这个事实，就必然断言说，下一刻我们也将存在，除非某种原因（原来产生我们的那种原因）好像会继续产生我们，就是说，保存我们。因为我们很容易理解，我们并没有保存自己的能力，而有能力借其自身来保存我们的那位神，一定也凭着更大的理由保存他自己，一定不需要任何别的事物来保存他，因此，他就不能不是上帝了。

22. 在按这里所说的方式认识上帝的存在时，我们也可以在单凭良知所能认识的范围内，认识他的一切品德。

我们如以上帝这一观念来证明上帝的存在，那是有很大好处的，那就是：我们同时还在自己柔弱本性所允许的范围以内，知道他是什么样的。因为我们在思考上帝这个与生俱来的观念时，我们就看到，他是永恒全知、全能的，是一切真和善的泉源，是一切事物的创造者，而且它所具有的无限完美的品德（或善），分明是毫无缺点的。

23. 上帝不是有形体的，他并不像我们一样要以感官来知觉，而且他也不希望发生罪恶。

因为世界上许多事物虽然也具有几分完美性，可是它们是多少有些残缺的、有限的，因此，那一类事物都是不能在上帝身上存在的。广延既是物体的本性，而且地方的广延既然会有可分性，这就表示出一种缺点来，因而我们可以确知，上帝不是物体。在人的方面，他们能用感官来知觉，虽是一种完美的性质，不过每种感官都有被动性，这就表示它是有依靠性的，因此，我们必须断言，上帝是完全不具有感官的。此外，他的意志作用和理解作用也不像我们一样，要借助各种分别的动作，他是借单一的、一律的、最简单的动作来理解、意欲并促动一切实际存在的事物的。他并不希望发生罪恶，因为罪恶只是存在的否定。

24. 从了解上帝进到了解万物时，我们必须记住，我们的理解是有限的，上帝的能力是无限的。

不过，我们知道，只有上帝是一切已存或将存事物的真正原因，因此，我们如果以自己对于上帝的知识，来阐明他所创造的各种事物，并且企图根据自己心中的天赋意念来加以推断，那么我们就会无疑地遵循最好的推论方法，因为我们这样做，就可以得到最完美的科学，即由原因推知结果。不过要使我们的企图完全免于错误，我们就必须小心谨慎，心中尽量记住，造万物的上帝是无限的，而我们是完全有限的。

25.上帝所启示的纵然不是我们所能理解的，我们也应该完全相信它们。

因此，如果上帝给我们或别人启示一些不是我们智慧的自然能力所能理解的有关他自己的事情，如下凡投生、三位一体等神秘之事，虽然我们不能明白地理解它们，我们也不该不相信它们。在他的广大的本性中，甚至在他所创造的事物中，虽有许多事物不是我们所能了解的，我们也正不必惊异。

26.关于无限，我们不必企图理解，我们只要把那些无界限的事物，如世界的广延、物质各部分的可分性，以及星宿的数目等，认为是无定限的即可。

因此，我们就不应在无限方面兴起各种争执，使自己感到困惑。因为以我们这种有限的生物，来决定无限，那是荒谬的，而且，要想以有限来把握无限，那就无异给无限以一种限制。因此，人们如果问起，无限长的线的一半是否还是无限，无限的数目是双是单等等，我们就可以不必置答，因为人们只有在想象自己的心是无限时，似乎才会发出这些问题。在我们方面，关于我们在某些意义上发现不出界限来的事物，我们不说它们是无限的，只说它们是无定限的。就如，我们所能想象到的广延，绝不会已经到了极限，无法想象得更大，因此，我们就说，可能事物的体积是无定限的。而且一个物体所分割的最小部分，既然仍可以在想象中分割成更小的部分，那么，我们就不妨认为任何数量

都可以分成数目无定限的部分。此外，我们所想象的星宿不论如
何多，我们总还能再想象，上帝创造的星宿比这更多，因此，我
们也可以假设它们的数目是无定限的。说到别的例证，也是一
样。

27. 无定限和无限有什么分别。

我们所以要称那些事物为无定限的，而不称它们为无限
的，乃是要想只把"无限"这个头衔留给上帝。我们所以如
此，第一因为我们不仅发现他在任何方面没有限制，而且我们还
确实设想，他就不容有任何限制。第二因为我们并不同样地确实
设想别的事物在各部分都无限制，我们只是消极地承认，它们的
界限（如果有的话）不是我们所能发现的。

28. 我们不当考察万物的目的，只当考察它们的动因。

最后，我们也不从上帝或自然在创造自然事物时所定的目的
方面来寻找自然事物的理由，因为我们不当擅想自己可以同神明
来共商鸿图。我们只当把他认为是一切事物的动因，并且把他所
赋与我们的良知，应用在他愿意让我们窥知一二的他的一些品德
上，以便发现，关于我们凭感官所见的那些结果，我们必须作出
什么结论。只是我们应该记住前边所说过的话，就是，在良知的
命令不违反上帝的启示时，我们才应该信赖良知。

29. 上帝不是我们错误的原因。

这里我们所应当考察的上帝的第一种品德，就是：他是绝
对真实不妄的，而且是一切光明的泉源。因此，要说他会欺骗
我们，或者完全是使我们陷于自己所能意识到的那些错误的原

因，那分明是矛盾的说法。因为欺人之技，在人类中间虽可以表示人心的巧妙，可是那种欺人的意向，无疑是由恶意、恐惧或怯懦来的，因此，它是不能诿于上帝的。

30. 因此，凡我们所能明白知觉的一切都是真实的，因此，我们就可以摆脱上述的种种怀疑。

由此，可以得出结论，良知或上帝所给我们的知识能力，只要它能认识任何对象，清晰地、明白地理解那个对象，它就永远不会了解不真实的对象。因为，如果上帝所给我们的这种官能是贻误人的，而且使我们在正确运用它时会认假作真，那么上帝就委实应当得到骗子这个头衔了。这样，我们的最大怀疑就根本铲除了，我们也就不能再怀疑，我们是否由于本性的关系，在那些我们看来最明显的事物方面也会受骗。这个原理也可用以反驳我们所列举的一切怀疑的根据。因此，数学的真理是不能怀疑的，因为这些都是属于最明白的真理之列的。如果我们在醒时或睡时借感官来知觉任何事物，只要能把明白的和清晰的知识同暧昧的和纷乱的知识分开，我们就容易把真理发现出来。在这个题目上，我也就不必多费唇舌了，因为在《沉思集》中我已经充分论究过，而且下面的文章也足以更精确地解释这一层。

31. 我们的错误在上帝方面讲只是一些否定，不过在我们方面讲，它们乃是一些缺性。

虽然上帝不是骗子，我们却往往陷于错误，因此，我们如果想探究错误的起源和原因，以便防止它们，那我们就必须说，它们依靠我们的意志，而不是依靠我们的理解，而且要产生它们，也不必一定要上帝参与其间。因此，从上帝方面来思考，它们只是一些否定，而从人类方面思考，就成了缺性。

32.我们只有两种思想方式，一为理解的知觉作用，一为意志的动作。

因为我们所能意识到的一切思想方式可以分为概括的两类，一类是理解的知觉作用或效力，一类是意志的作用或效力。就如，凭感官而进行的知觉作用、想象作用，或对纯粹仅能用智力了解的事物的概想作用，都是知觉的各种不同的情状，至于欲望、厌恶、确认、否认、怀疑等，都是意欲的各种不同的情状。

33.我们所判断的事物，如果不是我们所不充分了解的，则我们的判断永不会错误。

我们对于一件事物，如果不构成任何判断，则我们在了解它时，不至有犯错误的危险；即使我们已对它构成一种判断，可是我们所同意的如果只是我们所明白地、清晰地知觉到的，则我们也不会陷于错误。我们所以常发生错误，乃是因为我们对于自己所判断的事物，并没有精确的知识，就冒然进行判断。

34.在判断时，意志和理解都是必需的。

我承认，在判断时理解是必需的，因为我们万不能假设，我们能够判断我们所不了解的东西。不过要想同意我们在任何程度下所知觉到的事物，意志也是在所必需的。不过在构成一个判断时，我们并不一定要完全了解一种事物，因为有许多事物，我们纵然对它们只有很模糊、很纷乱的知识，我们也可以同意。

35.意志较理解的范围为大，这就是我们错误的来源。

其次，智力的认识，只扩及呈现于它面前的不多几件事物，永远是有限制的。而在另一方面，在某种意义下，意志可以说是无限的，因为我们看到，任何人的意志的对象，甚至是上帝的无限意志的对象，都可以成为我们意志的对象。因此，我们往往易于使意志超出我们所能明白了解的那些对象以外。既然如此，则我们之偶尔错误，也就不足为奇了。

36. 我们的错误不能诿诸上帝。

不过，上帝虽然没有给我们以一个全知的理解，我们却万不能因此就说他是我们错误的造成者，因为被创造的智力其本性就是有限的，而有限的智力其本性就是不能把握一切事物的。

37. 人的主要的完美之点，就在于他能借意志自由行动，他之所以应受赞美，或应受惩责，其原因也在于此。

意志之有较广的范围，正合于它的本性。而且人之能借意志自由动作，乃是一种高度的完美性质。因为只有这样，他才能在特殊方式下支配自己的行动，并因而应受赞美或惩责。自动的机器虽然可以精确地进行其所适宜的运动，可是它们并不因此为人称赞，因为它们的运动的进行，乃是必然的。只有创造它们的工程师乃是可以称赞的，因为他把它们造得十分精确，而且他的行动不是必然的，乃是自由的。根据同样理由，我们也当认为自己不止是机器，而还更进一步，因为我们在接受真理时，并非出于必然，而是自由的。

38. 错误是我们行动方式中的一个缺点，不是我们本性中的一个缺点，而且臣民的错误虽然常常可以归于别的主人，却不能归于上帝。

自然，在我们往往发生错误时，我们的行动方式是有某种缺点的，或者在运用我们的自由方面讲，我们是有某种缺点的，不过在我们的本性中并没有缺点，因为我们的判断不论为真为伪，我们的本性是不变的。虽然上帝本可以给我们以智力上的聪明，使我们永不会犯错误，可是我们并没有任何权利，来向他要求这一点。因为在我们方面，凡是能防避祸患的人，如果竟然不来防止它，确乎可以说是犯了罪恶，可是上帝虽有能力来防止我们的错误，我们也不能说他应对我们的错误负责，因此有些人所拥有的对别人的支配权，就一向是为了使他们能防止下面的人作恶而设立的，可是上帝支配全宇宙的那种权力，乃是完全绝对的、自由的。因为这种缘故，我们应当感谢他给我们的那些好处，不当抱怨他没有赏赐我们（据我们所知）他有力量赏赐的一切。

39.我们意志的自由是自明的。

最后，我们还分明具有一个自由的意志，可以任意来同意或不同意。这个真理可以归在我们与生俱来的那些最初的最普通的意念中。这一点已经表现得很明白了，因为我们在试图怀疑一切事物时，我们纵然假设了：创造我们的那一位，曾用其无限的权力，在各方面来欺骗我们，可是我们还觉得自己有一种自由，可以不相信那些稍不确定、稍可怀疑的事物。可是在这种时候，我们所不能怀疑的事物（自由），仍同我们一向所能知道的任何事物一样自明，一样清楚。

40.我们还确乎知道,上帝预先规定了一切。

我们在上帝方面所发现的一切,使我们相信,他的权力是极其巨大的,因此,如果我们设想,我们能做不是他所预先规定的任何事情,那是一种罪过。但是我们如果着手把上帝的预先的命令和我们的自由意志调和起来,并且想在同时了解这两种真理,则我们便会立刻碰到一些大的困难而感到为难。

41.我们的意志自由如何可以同神圣的预先的命令相调和。

不过,相反地,我们也可以摆脱这些迷惑,倘使我们记得我们的心是有限的,而上帝的权力是无限的;他不但可以凭其权力,永远知道现在或未来,而且他可以意欲它或注定它。因此我们就有充分的智慧,可以明白地、清晰地知道上帝有这种权力,不过我们的智慧却不足以了解他为什么不使人的自由行动确定起来。在另一方面,我们确乎意识到自己有一种自由和无动于衷的能力,而且我们所知道的事物,再没有比这一点更为明白、更为清楚,因此,上帝的全能也就不应当使我们不相信这种自由,因为,我们如果由于不了解自己明知其不可了解的另一种事物,就来怀疑自己所充分意识到的事物,以及我们经验到的那些存在于自己身上的事物,那是荒谬的。

42.我们决非有意要犯错误,可是我们的错误仍由意志而来。

不过,我们既然知道,我们的一切错误都依靠于我们的意志,而且没有人愿意欺骗自己,那么我们的判断如果竟然发生错误,那似乎就很奇怪了。不过我们必须注意,愿意受骗和愿意同意于含有错误的意见，实在是大不相同的两件事。因为，虽然没有人明白愿意陷于错误，可是我们所见的人，却差不多都容易同意于各种意见，实则那些意见中往往是隐伏着错误的，只是他们不知道罢了。我们甚至常见，有些人由于不充分知道达到真理的正当层次，所以他们的追求真理的欲望，竟至使他们仓促判断他们所不明知的事体，结果他们就常常发生错误。

43. 我们如果只同意于自己所明白地、清晰地了解到的东西，我们便永不会犯错误。

不过我们分明知道，我们如果只判断我们所明白地、清晰地了解到的那些事物，则我们永不会把虚妄认为真实。因为上帝既不存心骗人，那么，他所给我们的知识官能，一定不能是错误的，而且，根据同样的理由，我们如不把自己的意志官能扩及于我们所明知的物象以外，那么它也不会是错误的。纵然我们不能拿理论来证实这个真理，一切人的心天然也会同意它所明白认知的事物，并且会经验到：要怀疑它的真理是不可能的。

44. 我们如果同意我们所不曾明白知道的事物，则我们的判断纵然偶尔是准确的，我们的判断也始终是不适当的。我们的记忆常常欺骗我们，使我们误信某些事物是以前我们所充分了解的。

我们还分明知道，我们如果同意自己所不了解的任何理由，则我们总会陷于错误，纵然碰到真理，那也只是偶然，因此，我们也永不能确信自己是不犯错误的。自然我也承认，当我们已经看出我们并不了解一件事物时，我们并不常见自己勉强来判断它，因为良知就命令我们，不要判断自己所不知道的事物。不过我们所以常常犯错误，乃是因为擅想自己对于自己所同意的事情过去曾有充分的知识，好像它是贮藏在我们的记忆中而为我们所熟知的东西一样，实则我们没有这样的知识。

45. 明白的、清晰的知觉由何成立。

世上诚然有许多人，终其身亦不曾以合于适当判断的途径来认知任何事物。因为我们要想建立确定不移的判断，则我们所依靠的知识不仅要明白，而且还要清晰。所谓明白的对象，就是明显地呈现于能注意它的那个心灵的对象，就如一些对象如果呈现于观察它们的那个眼睛前面，以充分的力量来刺激它，而且眼睛也处于观察它们的适当的位置，那么我们可以说自己是明白地看到了那些对象。至于所谓清晰的对象，则是界限分明与其他一切对象厘然各别，而其中只包括明白内容的一个对象。

46. 由痛苦的例证可以看出，一个知觉即使不清晰，也可以是明白的；不过凡是不明白的知觉，都不会是清晰的。

例如，任何一个人在感到剧痛以后，他对于这种痛苦的知识是很明白的，不过那种知识却不是永远清晰的。因为感到痛苦的人往往把这种知识和他们对痛苦本性所构成的模糊判断相混淆，以为在感到痛的那一部分，有一种类似只有他们自己所意识到的痛苦感觉的东西。由此可见，不清晰的知觉也可能是明白的，但是它如果也是不明白的，那它一定不会是清晰的。

47. 要想改正我们早年的偏见，我们必须考察我们的各个简单意念中，含着什么明白的成分。

在我们早年，我们的心灵耽于身体，因此，它虽然很明白地看到许多事物，可是它还不能清晰地知道它们。不过即使在那个时候，我们既然已在许多事物方面运用了我们的判断能力，因此，我们就养成了许多偏见，而且大多数人往往在以后也没有摆脱那些偏见。不过现在为了使自己能够摆脱这些偏见，我愿在这里简略地列举出我们的思想所由以组成的一切简单的意念，并在每一个意念中分辨出何为明白的，何为模糊的，或易引起错误的。

48. 我们知识的一切对象可以分为两种，1）是各种事物或事物的性质，2）是永恒的真理；并附带列举一些事物。

凡落于我们知识中的一切对象，我们或则认为是一些事物，或事物的性质，或则认为是只在心中存在的一些永恒的真理。在第一类中，最普遍的对象就是实体、绵延、秩序、数目，或许还有别的；这些意念是可以应用于各种各类的事物的。在这些事物方面，我只承认有两个最高类（summa genera）。第一类是有智力的事物，或有思维能力的事物，其中包含着人心或能思的实体及其性质。第二类是物质的事物，其中包括着有广延的实体或身体及其性质。知觉、意志，以及一切知识情状和意志情状，都是与思维实体有关的。另一方面，体积，长、宽、高三向，形相，运动，位置，部分本身的可分割性等等，都是属于有广延的实体的。不过除此以外，我们还内在地经验到某些事物，它们既不能单属于人心自身，也不能单属于身体，它们是属于身心两者的密接联合的，我们后边在适当地方将指示出这一点。属于这一类的，有饥渴之欲等等，又如不完全是心理作用的人心那些情绪或情感，如愤怒、喜悦、悲伤、爱情等情绪，也属于这一类。最后，一切感觉，如痛苦、瘙痒、光觉、色觉、音觉、嗅觉、味觉、热觉、硬觉，以及别的可感的性质，也都属于这一类。

49.永恒的真理是不能这样列举的，不过这也不是必需的。

我前边所列举的，我们都可以看作是一些事物，或是事物的性质或情状。现在我们就来谈谈永恒的真理。当我们了解无中不能生有时，ex nihilo nihil fit 这个命题，就并不被认为是实际存在的一种事物，或一种事物的情状，它只是在我们心中存在的一条永恒的真理，就是所谓公共意念或公理。属于这类的，有下列这些：如说"一物不能同时存在而又不存在"；"凡已做了的，就不能再取消"；"一个能思想的人，在他思想时一定存在着"等等。此外还有别的无数真理，这些真理我们是难以一一列举的，而且我们也不必如此列举，因为我们如果不被偏见所蔽，则我们在有机会思想它们时，一定不会不知道它们。

50.这些真理是可以明白认知的，不过人类有偏见，所以他们不能都同样知道它们。

说到这些公共的意念，则我们确乎相信，它们是可以明白地、清晰地被人认知的，否则它们就不配称为公共的意念。有些真理因为不同样被所有的人所接受，似乎并不同样称其名，不过，我想，这种情形之所以发生，并不是因为这一个人的知识官能比另一个人的知识官能范围较为广大，而是因为这些公共的意念和某些人的偏见相对立。因为别的没有偏见的人可以极其明白地了解那些真理，可是具有偏见的人是不能很容易地接受它们的。

51. 何谓实体；这个名词在应用于上帝和被造物时，意思是不一样的。

不过说到我们所认为是事物或事物情状的东西，则我们应当分别加以考察。所谓实体，我们只能看作是能自己存在而其存在并不需要别的事物的一种事物。的确，我们只能设想有一个绝对独立的实体，那就是上帝。而且我们知道，一切别的事物所以能存在，只是借助于上帝的加被。因此，实体一词并不是在同一意义下（借用经院中惯用的术语）应用于上帝和万物的；那就是说，我们并不能清晰地理解这个名词的任何含义是上帝和万物所共有的。

52. 这个术语可以在同一意义下应用于人心和身体，并论实体本身是如何被人了解的。

被造的实体，不论其为有形体的或思想的，都可以在这共同的概念下加以存想；因为这些事物是只需要上帝的加被而不需要其他东西就能存在的事物。不过我们原来所以能发现出实体来，却不仅因为它是一个独立自存的东西，因为"存在"自身是不能为我们所观察到的。不过我们却容易根据实体的任何属性来发现实体，我们的发现就凭借于这样一个公共意念，就是：任何属性或性质，都不能不有一种东西作为依托。因为，我们既看到有一些属性存在，我们就推断说，这些属性所依附的事物或实体也必然存在。

53. 每一个实体都有一种主要的属性，如思想就是人心的属性，广延就是物体的属性。

不过，任何属性虽都足以使我们知道有一个实体，可是每一个实体都只有一种主要的性质，来构成它的本性或本质，而为别的性质所依托。例如，长、宽、高三种广延，就构成物质实体的本性，思想就成为能思实体的本性。因为凡能透于物体的任何别的属性，都要有广延为其先决条件，而且只是有广延的事物的某种情状；同样，我们在人心方面所发现的一切性质，也都是思想的各种情状。这样，除了是在有广延的事物内，我们便不易设想形象，除了在有广延的空间内，我们便不易设想运动，除了是在一个能思想的事物内，我们便不能设想想象、感觉或意志。不过在另一方面，离了形相或运动，我们却能设想广延，离了想象或感觉，我们却能设想思想，对于其他实体也是这样。任何人只要注意这些事，就可以明白看到这一层。

54. 我们对于能思想的实体、物质的实体，以及上帝，如何能有明白而清晰的意念。

这样，我们如果仔细地区分思想的属性和广延的属性，我们就容易获得两个明白而清晰的观念或意念：一是被造的能思想的实体的观念，一是物资的实体的观念。此外，我们如果不认为上帝观念给我们确切地表象出他身上的一切性质，而且我们如不在这个观念中混杂任何虚构的东西，只注意对他的观念中所包括的那些特质，只注意我们明知属于绝对完美的"造物者"本性的那些特质，那么，我们对于上帝，对于不被创造的、独立的思想实体，也可以得到一个明白而清晰的观念。因为人们如果否认我们心中有这样一个上帝观念，那他们就已毫无根据地假设，人心对上帝是毫无所知的。

55. 我们如何也可以清晰地存想绵延、秩序和数目。

说到绵延、秩序和数目，我们如不把专属于实体概念的性质，同这些观念混杂起来，而只认为，只要一件事物继续存在，那么，我们对于绵延、秩序和数目，也可以有一些最清晰的概念。同样地，我们可以想象，这件事物的绵延就是我们对它想象时的情状，秩序和数目实际上与有秩序有数目的那些事物不相差异，它们只是我们多种多样考虑这些事物时的一些情状。

56. 什么是情状、性质和属性。

诚然，我们这里所说的情状（modes）同别处所称的属性（attributes）和性质（qualities）是有同样意义的。但是在我们思考那种受这些性质的影响的实体时，我们就用情状一词；我们如果根据这种变化来指称那个实体如何如何，我们就用性质一词（以表示它由此得名的那些不同情状）；最后，我们如果只把这些情状看作是在实体以内存在着的，我们就叫它们为属性。因此，我们既然必须认为上帝是超乎变化的，我们就不当说，他有情状或性质，只当说他有属性。甚至在被造物方面，其中如果发现有恒常的情状，如存在着的事物的存在，绵延着的事物的绵延，则这些东西不应当叫作情状或性质，只应叫作属性。

57. 有些属性是真正存在于具有那些属性的事物中的，有些只是存在于我们的思想中；在这里，并说明什么是绵延和时间。

在这些属性或情状中，有些存在于事物本身，有些只存在于我们的思想中。就以时间而论，我们就以为它和一般的绵延有别，而且称它为运动的尺度，它只是我们在存想绵延本身时的某种情状，因为我们并不以为运动事物的绵延和静止事物的绵延有别。这可以从下面一事看出来，就是，如果两个物体运动了一小时，一个运动得很快，一个运动得很慢，我们并不要在前者方面比后者方面计算较多的时间；虽然前一个物体的运动较后一个物体的运动为多。不过为了在一个共同尺度之下来了解一切事物的绵延起见，我们就把它们的绵延和能发生年和日的那些最大而最有规则的运动加以比较，而叫它作时间。因此，我们所称为时间的那种东西不是加于一般绵延上的一种东西，乃是一种思想方式。

58. 数字和一切普遍观念都只是思想的方式。

同样，我们如果不思考体现于被造物中的数字，只在抽象方面或概括方面思考数字，那么数字也只是思想的一种情状；至于我们称之为普遍观念的那些概括观念，也都是如此。

59. 普遍观念是如何构成的；所谓类、种、差别、特性、附性，这五个词是什么样的。

普遍观念之起，只是因为我们在思想一些相似的特殊物象时，应用了同一的观念。当我们在一个名称下来思维这个观念所表象的一切物象时，这个名词就成了普遍的。例如，如果我们看到两块石头，只思考它们是两块，而并不注意其他，我们就构成所谓"两个"的观念。后来我们如果又看见两只鸟或两棵树，只注意它们是两个，则我们又应用了与以前相同的观念，因此，它就成了普遍的。因此，我们就以"两个"这个普遍名称来称呼这个观念。同样，我们如果思考一个具有三边的形相，我们就构成某个观念，并称之为三角形观念，以后我们把它当作普遍观念来在我们心中表象一切其他具有三边的形相。但是，当我们仔细注意到，在各种三边形以内，有些是直角的，有些不是，则我们又构成一个直角三角形的普通观念，这个观念对前边那个较概括的三角形观念来说，可以称之为种（species）。在这里，所谓直角就成了借以分别直角三角形和其他三角形的普遍差异（difference）；再其次，对直角的那一边的方，又等于其余两边的方，并且，这种特性又是只属于这一种三角形的，因此，我们就可以称它是那一个种的普遍特性（property）。最后，我们如果假设，在这些三角形中，有些是运动的，有些是不运动的，这就成了它们的普遍的附性（accident）。因此，我们通常说有五种普遍意念，即类、种、差别、特性、附性。

60. 各种差别；先论实在的差别。

不过，各种事物自身所以有数目，乃是因为它们原有一种差别。所谓差别共有三类，一为实在的（real），二为情状的（modal），三为理性的（of reason）。实在的差别是在两个或较多的实体之间存在着的；我们只要能够离开这个实体，明白地、清晰地存想那个实体，那就足以使我们确信，它们互相间真是有差异的。因为我们关于上帝的知识使得下面一事成为切实无疑的，就是：他能够实现我们所能清晰地观念到的任何东西。例如，我们现在既然有一个有广延、有形体的实体观念，则我们纵然还不确知是否真有这种东西存在，我们也可以只因自己有这个观念，而相信那种东西可以存在；并且相信，如果它实在存在着，则我们在这个实体中用思想所划出的每一部分，一定是和那个实体中其他部分有差别的。同样，人人既然意识到他在思想着，而且他在思想中可以把其他能思的或物质的实体排除于自身以外，那么，在这样思考之下，我们各人就确实同别的每个能思的和物质的实体有实在的分别。我们虽然假设，上帝把身心连合得极为密切，使它们成为一个完整的组合，因而我们不能存想一种比此更密切的联合，可是那两种实体虽有这种联合，仍然实在是有差别的。因为上帝不论以什么纽带把它们联合起来，他依然不能使自己摆脱分划它们的能力，或分别地加以保存的能力。既然如此，则上帝所能分划或分别地加以保存的事物，实在是有差别的。

61. 情状的差别。

情状的差别有两种，一为情状本身与其实体的差别，一为同一实体的两种情状间的差别。前者的例证就如：我们可以离开异于实体的情状明白地了解实体；而在另一方面，我们在存想这个情状时，却不能不同时存想到实体自身。例如，形相（或运动）

和其所寄托的实体，便有一种情状的差别；在确认（或回忆）和人心之间，亦有相似的差别。至于说到后一种，我们也有一个例证，就是，我们能够单独认出两个情状之一，而不必顾及另一个，正如我们离开运动，也可以认出形相，离开形相，也可以认出运动一样；不过我们在想到它们任何一个时，却不能不想到它们所依托的共同实体。例如，如果一块石头被移动了，并且它又是方形，则我们就能够离开运动，单思考它的方形，也可以反过来，离开方形而单思考它的运动，不过离开石头的实体，则我们既不能思考这种运动，也不能思考这种形相。至于一个实体的情状，如果同另一个实体或同另一个实体的情状有所差异，类如一个身体的运动之异乎另一个身体或心，又如运动之异乎怀疑等；则在我看来，这种差别应该叫作实在的，不应叫作情状的，因为这些情状，离开它们所寄托的那些实在各别的实体，便不能明白地被人存想。

62. 理性的差别（论理的差别）。

最后，理性的差别则是一个实体和其某种属性之间（没有属性，我们便不能清晰地存想实体自身），或是一个共同实体的两个属性之间（我们试图单独思考其中任何一种属性）存在着的那种差别。这种差别之起，显然是由于我们如果把实体和其属性分开，我们便不能对于实体具有明白清晰的观念；或者，我们如果把两个属性分开，则我们也不能对其中一个具有明白的知觉。例如，任何实体一停止了绵延，也就不再存在，因此，绵延就离不开实体（除了在思想中）。又如一般说来，各种属性虽使我们对于一件事物有几种不同的想法，如物体的广延及其可分性，可是它们和它们所寓托的那个物体并不差异，而且它们自身亦不互相差异，我们只是偶尔离开这一项来乱想那一项（因此它们只存在于思想中）。自然，我记得在别处曾经把这种差别同情状的差别归在一类（在我答复人们对《沉思集》所加的"第一驳难"时，我在末了曾有此说法），不过在那里，我只需概括地论究这些差别，而且在那个时候，我只要把它们和实在的差别区别开来，也就达到我的目的了。

63. 我们如何能清晰地知道思想构成人心的本性，广延构成身体的本性。

我们可以认为思想构成智慧实体的本性，广延构成物质实体的本性，而且我们在存想思想时，只当把它认作是能思的实体本身，在存想广延时，只能把它认为是有广延的实体本身，那就是说，我们只能把它们当作人心和物体看，而且我们这样来存想人心和物体，乃是最明白，最清晰的。此外，我们在存想有广延的或有思想的实体时，也比离开思想或广延，单独思想实体时较为容易。因为离开思想和广延的意念，而抽象地来思考实体的意念，那是不容易的，因为它们只是在思想本身中有差异的，也就是说，它们只有论理上的差别。一个概念所以较为清晰，并不是因为它包含着较少的特性，乃是因为我们把它所包含的成分同别的一切意念精确地区别开来。

64. 我们如何能清晰地存想它们是实体的一些情状。

我们也可以把思想和广延认为是实体的情状，因为同一个心可以有许多不同的思想,同一个物体(体积不变)可以有不同的形态,有时它可以较长,而不宽、不深,有时它又可以较宽而不长。因此,我们如果把它们不当作是独立存在的实体,而只当作是事物的情状,则它们同实体便有情状的差别,我们也一样可以明白地、清晰地存想它们。因为我们如果把它们认为是在以它们为情状的那些实体以内存在着,我们就把它们同这些实体分别开,而且认识到它们的本来面目。可是在另一方面,我们如果想离开它们所寓的那些实体来单独思考它们,我们就会因此把它们认为是自存的事物;因而把情状和实体的观念混淆了。

65. 我们如何也能知道它们的情状。

同样,我们如果认为思想的各种情状(如理解、想象、回忆、意欲等)和广延的各种情状(如形相、各部分的位置及其运动),只是它们所寓的事物的情状,则我们也会把它们理解得最为清楚。同样,我们如果只存想移动,而不求知道能产生它的那种力量(不过在适当地点,我要解释这一层),则我们也可以了解清楚运动本身。

66. 关于我们的感觉、情感和嗜欲,我们虽常有错误的判断,可是我们何以也可以明白地知道它们。

还有我们的感觉、情感和嗜欲,我们对于它们也可以有明白的知识,如果我们留神在我们关于它们所构成的判断中,只把那些知觉中确切包含的成分,以及我们所直接意识到的成分包括进去。不过要遵守这个规则是很不容易的,至少在感觉方面是如此。因为我们大家无例外地自幼就认为我们凭感官所知觉的一切事物，在我们的思想以外存在着，而且以为它们是和我们对它们所生的那些感觉或知觉完全相似的。例如，我们看见某种颜色，我们就以为自己看到在身外有一种占着位置的东西，而且以为那种东西和我们所意识到的颜色观念是完全相似的。由于这种判断的习惯，我们就似乎把这一点看得很明白、很清晰，因而以为颜色的外在性是确定无疑的。

67. 我们关于痛苦本身的判断往往是错误的。

这种偏见也发生于我们一切别的感觉中，甚至存在于发痒和痛苦的感觉中。因为我们一向虽然不爱相信，在我们身外，有一些和发痒和痛苦相似的物象存在，可是我们也不以为它们只是在心中或我们知觉中存在，而是以为它们是在手、足或我们身体的其他部分中存在的。不过我们没有理由强使自己相信，例如，好像我们在足部所感的痛害是外于心而存于足中的一种东西，好像我们在日中所见的光，不但存在于心中，而且也存在于日中的。这两种信念，都是我们幼年的偏见，后边我们就可以明白看到这一点。

68. 在这些事物方面，我们如何可以把自己所谓明白存想到的事物和我们所误认的事物分别清楚。

要想把感觉方面明白的成分和暧昧的成分加以区分，我们应当极其细心地注意，我们何时是有明白的知识，何时是有暧昧的知识。我们如果把痛苦、颜色或同类的东西，只认为是一些感觉或思想，则我们便对它们具有明白的、清晰的知识。但是我们如果认为它们是在我们心外独立存在的一些事物，则我们便完全不能对它们形成任何概念，诚然，当任何一个人告我们说，他在物体中看到一种颜色，或在他某一肢体中感到一种痛苦时，他这话恰好等于说，他在那里见到或感到他所完全不知其本性的那种事物，或者说，他并不知道他看见什么，感到什么。因为一个人在不很仔细地考察自己的思想时，固然容易相信，他对那种事物有相当知识，因为他认为有一种东西和他所意识到的颜色感觉或痛苦感觉相似；但是他如果仔细想一想存在于有色物体或受伤肢体中的颜色观念或痛苦观念给他表象出什么来，他就会看到，自己对于这样的东西是绝对不知道的。

69. 我们在知觉体积、形相等时，和知觉颜色、痛苦等时，情况完全不同。

我们如果考究下述的情形，则前述的理论更为明显。就是因为我们所知觉的物体的大小、形相和运动（至少是位置的运动，因为哲学家由于想象有别的运动，就把运动的本性弄得自己也莫名其妙了），及其各部分的位置、绵延、数目，以及我们在一切物体中所明白见到的别的性质，都是由另一条途径被我们所知道的；我们知道它们时，同知觉同一物体中的颜色，或知觉痛苦、嗅味、滋味，以及必然属于感官的别的一切性质时，所循的是两条截然不同的途径。在我们看到一个物体时，我们不但可以根据形相的现象，也可以根据其颜色的现象同样来相信它的存在，可是我们之知道它的形相特性，要比知道它的颜色特性清楚得多。

70. 我们可以由两条途径判断可感的事物，由一条途径我们可以免犯错误，由另一条途径我们就陷于错误。

由此可见，说我们知觉到物象中的一些颜色，那实际就等于说，我们在物象中知觉到某种东西，不过不知道它是什么，只知道它是在我们心中激刺起某种很明白、很活跃的感觉，即激刺起我们所谓颜色的感觉来的一种东西。然而，在这两种判断的方式中，委实有很大的差异。我们如果只判断说，对象中有一些不可知的东西（此处所谓对象就是指独立自存、发生感觉的那种东西而言），则我们不但不致陷于错误，反而可以预防陷于错误，因为我们这样就不容易鲁莽地判断我们明知自己所不知道的事物。但是，我们如果以为自己在对象中看到颜色，则我们便容易陷于错误，便容易主张说，存在于对象中的所谓颜色是和我们所知觉的颜色完全相似的一种东西，而且我们此后还会认为，我们对于自己所完全不知觉的这种颜色有明白的知觉。实则我们自己并不知道我们所谓颜色究竟是什么，而且亦不能存想，我们认为在物象中存在的那种颜色，和在感觉中所意识到的那种颜色，有任何相似之点。但是，因为我们看不到这一层，或者因为在这些对象中有各种特性，如大小、形相、数目等等，我们都明白知道它们正如我们感官知觉的、理解所存想的那样，真正存在于或者可能存在于这些对象以内，因此，我们就很容易陷入错误，认为对象中的所谓颜色，是与我们知觉到的颜色完全相似的东西，因而便认为我们清楚地知觉到我们所不能知觉的东西。

71. 我们错误的主要原因多半在于儿童时的偏见。

在这里，我们可以看出我们错误的首先的、主要的原因。在早年，人心极其密切地固着于身体，它所注意的只限于物象在其身体上印了印象后所生的那些思想；它在那时也并不把这些思想参照于它自身以外存在的任何事物。身体受了伤，则心便感到痛苦，身体如遇到有益的事物，则心便感到快乐，身体如果只受了轻微的刺激，既无大益，也无大损，则心便经验到所谓滋味、嗅味、声音、热、冷、光、色等等感觉。这些感觉实在并不表象在我们心外存在的任何事物，而且它们的变化也全看身体受刺激时各部分和情状的差异而定。此外，人心在同时还知觉到体积、形相、运动等等；这些东西之呈现于心，不像是一些感觉，而像是一些存在的事物的情状，或者至少也是能在心外存在的事物的情状，虽然人心那时还看不出这两种知觉的差异。后来，身体这个机器既能凭自己的天然组织和内在的能力，在各方面自由转动，在各种途径下运动，因而可以自由追求有用的事物，而避免无用的事物；那么，与它密切相连的人心，在仔细考虑它所追求的或避免的对象时，便初次看到，那些对象是在它以外存在的，因此，它就不但认为它们有体积、形相、运动等等（它认为这些是事物或事物的情状），而且还认为它们有滋味、嗅味以及别的类似的观念，实则这些感觉只是由它自己所引起的。它在思考别的事物时，既然以它们对它所寓的身体有益与否为衡，因此，它在判断各个物象的实在性之或大或小时，就看它们对身体所产生的印象之或强或弱而定。因此，它就相信，在岩石和各种金属中，比在空气或水中有较多的实体或物体，因为它看到前者含着较大的重量和硬度。其次，我们在空气中，如果感不到风的激动，或者觉察不到它是热的或冷的，则我们也容易认为空气是不存在的。又因为各个星球所发的光，只不过如微弱的烛焰似的，因此，我们便认为每个星体也只有那么大。再其次，人心既然不曾看到地球绕着地轴转动，而且不曾看到，地面弯曲得就如圆球的表面一样，那么，它就容易认为地球是不动的，地面是平坦的。我们的心从儿时起还感染了千百种性质相同的别的偏见，后来，到了青年，我们又忘记我们在接受这些偏见时，完全细加考究，而认为它们是极真实、极明白的，好像我们当初是借感官知道它们的，又好像它们是由自然灌输到我们心中的。

72. 我们错误的第二个原因，就在于我们不能忘掉这些偏见。

现在到了成年时期，我们的心已不完全受身体的支配，它亦就不习于把各种事物都归因于身体，而是也要发现事物本身的真理，这时，我们就注意到，我们以前所构成的许多判断都是错误的。虽然如此，可是我们仍不容易完全忘记它们，而且它们只要还在那里存在着，就容易造成各种错误。例如，从我们孩提时起，我们就想象星球是很小的，因此，我们就觉得很不容易排除这种想象，实则根据明白的天文学上的理由来说，它们都是最大的。先入为主的意见，势力之大，有如此者。

73. 第三个原因是，我们在注意那些不呈现于感官的对象时，常感到疲乏。因此，我们在判断这些对象时，往往不根据现在的知觉，而常根据先入为主的意念。

此外，我们的心注意一个对象久了，就会感到疲乏和痛苦。

至于那些既不呈现于感官，又不呈现于想象的事物，则人心在注意它们时，就感到莫大的困难。我们所以如此，也许是因为人心同身体的联合自然使它这样，亦许是因为我们早年只忙于知觉和印象，所以我们惯在这些方式下来思维，而且觉得比在别的方式下来思维，较为容易。因此，结果许多人只能设想具象的、有形体的、可感触的实体，此外就不能再存想别的实体。因为他们不知道：只有那些具有广延、运动和形相的对象才是可以想象的，至于许多别的对象，是用智力才可理解的。因此他们相信，除了物体以外就无物存在，而且最后以为没有一个物体不是可感的。不过我们在知觉对象时，既不专依靠感官，而是必须把理性运用到可感的事物上（如后边所明白指示的），因此，大多数人在其一生，就只有在纷乱的途径上来知觉各种事物了。

74.我们错误的第四个原因是，我们虽以思想附于语句，可是语句并不精确地表示思想。

最后，我们在使用语言时，把自己的思想都附着在借以表示思想的语句上面，并且把这些思想和这些词儿联合起来记在心里，到了后来，我们觉得想起语句比想起它们所表示的事物还要容易，因为这种缘故，我们就往往不易清晰地设想任何事物，把我们所设想的和表示它们的那些语句完全分离开。因此，大多数人都只注意语句，而不甚注意其所表示的事物。因此，他们就往往同意一些措词，而不在上面附加任何意义，这是因为他们或则以为自己曾经了解过它们，或则以为这些措词是向那些正确地了解它们的人学来的。不过我们不能在这里详细地研究这一层，因为人体的本性还未经详细解释，甚至物体的存在还不曾确定。不过我们所说的，似乎已经足以使一个人分辨什么是清晰而明白的概念，什么是暧昧而纷乱的概念了。

75. 总论正确地进行哲学思考所必须遵守的条件。

因此，我们如果想认真进行哲学思考，并且想尽力探求自己所能认知的一切真理，我们第一就得把我们的偏见先撇开，那就是说，我们必须先细心怀疑我们以前所承认的意见，直到重新考察之后，我们发现它们是真的，然后再同意它们。其次，我们必须依次复检我们心中的意念，只认定我们所能明白清楚地了解的意念才是真的。这样，我们将首先看到，我们的本性就在于思想，在这个范围以内我们才是存在的，同时我们还可以看到有一位我们所依靠的上帝；在考察他的品德之后，我们将能够考察其他一切事物的真实性，因为上帝是它们的原因。除了我们对于上帝和自己心灵所有的这些意念之外，我们还将发现，我们知道别的许多永远真实的命题，例如，"无不能生有"等等便是。再其次，我们还将发现自己心中具有关于能被运动、能被分割的一种物质的或有广延的实体的知识；此外，我们还知道有某些感觉在激刺我们，如痛苦、颜色、滋味等；虽然我们还不知道自己所以受激刺的原因。我们如果按次把这些事物考察一下，借以把我们现在对它们的知识同我们以前对它们的纷乱知识比较一下，我们将会养成一种对于自己所能知道的一切物象构成明白清晰的知识的习惯。在我看来，最重要最普遍的人类知识原理，似乎就包括在这少数的教条中。

76. 我们应当相信神圣的权威，而不相信我们的推论，但是除了神圣所显示的事物以外，我们只应当同意于我们所能明白了解的事物。

不过最要紧的是，我们必须记住一条颠扑不破的定则，就是，上帝所显示的，是比任何事物都确定得无可比拟的。即使我们的理智的见解，极明显地提示出与"神示"相反的事物来，我们也应当相信神圣的权威，而不相信我们的判断。不过在没有神圣启示的事物方面，一个人如果只是人云亦云地接受自己并未认其为真的事物，把它当作是真的，并且只信赖自己的感官，只信赖儿童时期的轻率判断，而不信赖成熟的理性的命令，那他就不够哲学家的身份了。

第二章　论物质事物的原理

1. 凭什么根据我们可以确知物质事物的存在。

我们虽然充分相信物质事物的存在，不过这一层我们在以前既然怀疑过，而且我们曾一度把这种存在的信念列于幼时的偏见中，那么，我们必须考察一下，究竟凭什么根据我们可以确知这个真理。第一，我们不能怀疑，我们所有的每一种知觉都是由异乎我们心灵的一种物象来的；因为，我们没有能力使自己经验一种知觉而不经验另一种知觉，而每一种知觉都是完全依靠那个触动我们感官的对象的。因此，我们就可以问，那个对象是上帝呢，还是异乎上帝的一种事物呢。不过我们既然知觉到（或为感官所激刺），而且明白地、清晰地理解到有某种具有长、宽、高三向的物质，而其各部分又各有各的形相和运动，又使我们生起颜色、嗅味、痛苦等感觉来，因此，上帝如果自动地、直接地把这个有广延的物质观念呈现在我心中，或者间接使别的无广延、形相和运动的对象把那个观念呈现给我们，则上帝确乎可以被看作是一个骗子了。因为我们分明设想这个物质是完全异乎上帝，异乎我们自己，异乎我们的心灵的。而且我们还似乎明白察知，这个观念之在我们心中形成，乃是起因于我们心外存在的对象，而这个观念和那些对象在各方面都是相似的。不过就上帝的本性来说，他既然不能欺骗我们，我们就必须毫不迟疑地断言，一定有一种具有长、宽、高三向的对象存在，而且它一定具有我们在有广延的事物方面所明白见到的一切特性。这个有广延的实体，就是我们所谓物体或物质。

2. 我们如何又知道人体是和人心密切联系着的。

我们还应该断言，有某种物体是和我们的心更为密切地联系着的，因为我们明白看到，痛苦以及别的感觉，往往于无意中就会激刺我们。人心意识到，这些感觉不是由它自身生起的，而且它既然是一个思想的事物，当然它们也是不属于它的。这些感觉之起，只是因为人心和另一个有广延、能被动的事物——人身——连合着。不过这一问题我们不在这里详细讨论。

3. 感官的知觉并不能使我们了解事物的真相，它只能告知我们什么是有益于身心合一的整体的，什么是有害于它的。

我们只消说，感官的知觉只应当归因于人类身心的这种密切联合，它们往往使我们觉察到，外界物象中哪种性质是有益于这种联合的，哪种性质是有害于这种联合的。不过除了偶然的情形而外，它们并不把这些对象的实相呈现给我们。因为在我们注意到这一层以后，我们便可以毫无困难地摒除感官的偏见，而在这个问题上借着仔细思考自然在我们心中所植入的那些观念，只求助于我们的理解。

4. 物体的本性，不在于重量、硬度、颜色等，而只在于广延。

这样，我们就会看到，一般说来，物质或物体的本性，并不在于它是硬的、重的或者有颜色的，或以其他方法激刺我们的感官。它的本性只在于它是一个具有长、宽、高三向的实体。因为说到硬度，则我们凭感官对它所知道的，不外这一层，即坚硬物体的各部分在与我们的手接触时，就抵抗手的运动。但是，如果我们的手每次朝向它们运动时，那里的一切物体都随着我们的手的前进急速向后退去，我们便永不会感到硬度。可是我们没有理由可以相信，这样后退的物体因此就会失掉其所以为物体的本性。因此，物体的本性并不在于硬度。同样，我们也可以看出，我们在有形物质中所见的重量、颜色以及别的同类的性质，纵然都排除于物质之外，而物质在此时依然是完整无缺的。由此可见，物体的本性完全不依靠这些。

5. 人们对于稀化（rarefaction）和虚空（vacuum），都有一种先入为主的意见，因此，它们就淆乱了关于物体本性的真理。

不过仍有两种原因妨碍人们充分相信，物体的真正本性只在于广延。第一种原因是一个流行的意见，即大多数物体是可以稀化和凝集的，而且在稀化以后，物体的广延要比凝结时为大；有些人甚至于剖析入微地说，物体的实体和其数量有别，数量又和广延有别。第二种原因是，我们在只设想长、宽、高三向的广延时，我们不惯说，那里就有物体，我们只是说那里有空间、有虚空，而一般人又认为虚空只是一个否定。

6. 稀化作用是由何种途径进行的。

不过说到稀化作用和凝结作用，无论谁只要注意自己的思想，并且不承认他有不明白意识到的事情，则他一定不会假设，在那些过程中，除了稀化或凝结的物体变化其形相而外，还有别的事物。因此，换言之，所谓稀薄的物体就是指其各部分之间有许多间距，而其中充满着别的物体的那些物体而言的；至于另一方面所谓密结的物体，则是指其各部分互相接近，或减少那些间距，或完全消除那些间距的物体而言，在后一种情形下，物体就成了绝对密结的。不过物体的各部分在互相隔离、逐渐分歧以后，虽可以包含较大的空间，可是它的广延仍不比密结时为大。因为我们不当把它在稀化时各部分所不占的孔隙或间距的广延归于它，只应把那些孔隙的广延归之于充满这些孔隙的别的物体。就如我们看到一块海绵充满了水或其他液体，我们并不因此就假设它比在干松或缩小时具有较大的广延。我们只说，它的孔隙较大了一些，因而那个物体也就分布于较大的空间。

7. 离了这种解释法，我们便不能有条有理地解释稀化作用。

有的人虽然说，稀化作用是物体数量增加的结果，而不以前边解释海绵时所举例应用的原理来说明它，可是我并不能发现他们所根据的理由究竟有什么力量。因为在空气或水稀化时，我们虽然不见有任何一个空隙增大，或有新物体占据其中，可是我们宁可断言，在稀化以后，它们各部分间的距离或空隙增大了体积，并且有新物体占据其中，而不当假设一种莫名其妙的事物，来似是而非地解释物体的稀化作用。因为前一种断言毕竟比后一种假设较为合于理性。我们也不应当因为我们不曾凭自己的任何一种感官知觉到这种新物体，就不肯承认这个解释，因为我们并没有理由使我们相信，我们可以用自己的感官知觉到一切存在着的事物。我们看到，用这种方法来解释稀化过程是很容易的，不过要用别的方法来解释，那却是不可能的。因为最后，要假设一个物体增加了以前不曾有的数量或广延，而没有一种新的有广延的实体加上去，换言之，即没有别的物体加上去，我认为是一个明显的矛盾。因为我们如果设想一种事物的广延或数量增加了，则我们便不可能不同时假设，一定有一种有数量、有广延的实体加进去。这一层从下文可以明白看到。

8. 数量和数目同有数量、被计数的事物，只在思想中互有差异。

因为数量之不同于有广延的实体，数目之不同于被计数的事物，并不是在实际上，而只是在于我们的思想中。例如，我们自然可以考察十尺空间所包含着的一个物质实体的全部本性，同时不必注意这个十尺的度量，而其明显的理由就是，我们所设想的那件事物，不论在那个空间的一部分或其全体，本性都是一样的。在另一方面，我们自然也可以单独设想十这个数目，以及十尺大的一段连续的数量，而同时不必想到这个有定限的实体，因为十这个数目的概念，不论我们认它是十尺或十个别的事物，它都是显然一样的。自然我们在设想十尺这个连续的数量时（虽然不能不同时设想到与此数量相等的一个有广延的实体），也并不必一定要设想这个或那个有定量的实体。不过在实际上，任何最微小的数量或广延部分，在一减去之后，同时实体亦就有相等的减少，而在另一方面，我们如果把实体稍一减少，我们同时也就不能不减少相等的数量或广延。

9. 物质的实体，若与它的数量分开，则我们只能纷乱地设想它，好像它是一种非物质的东西。

有些人关于这个问题虽然表示出另一个意见，可是我觉得，他们的想法同我在此地所说的话，也并不两样。因为他们如果把物质的实体和广延（或数量）加以分别，则他们所谓"物质的实体"这个名词是全无意义的，否则他们是在自己心中只对于非物质的实体形成一个纷乱的观念，而把那个观念误归于物质的实体，同时却于无形中把物质实体的真正观念留给广延。他们叫这种广延为附性，不过这种说法的不妥当性容易使我们发现出，他们的语言和他们的思想是不调和的。

10. 所谓空间即内在的场所（internal place）① 是什么。

———————————

① 内在的场所指物体的形相和体积而言，外在的场所指一个物体对别的物体的位置而言。——译注

　　空间，即内在的场所，同其中所含的物质的实体，在实际上并没有差异，只在我们惯于设想的它们的情状方面，有所差异。因为，老实说，长、宽、高三向的广延不但构成空间，而且也构成物体。它们的差异只在于：在物体中，我们认为广延是特殊的，并且设想它跟着物体变化；至于在空间方面，则我们以为广延有一个概括的统一性，因此，我们在把一个物体由某种空间移出以后，我们并不以为自己同时也把那段空间的广延移去。因为我们看到，那段广延只要保持同一的体积和形相，只要同我们赖以确定的这个空间的四周某些物体，保持其固有的位置，则那段广延仍是不变的。

　　11. 在实际上，空间如何和物质的实体不相差异。

　　我们很容易看出，同一广延不但构成物体的本性，也构成空间的本性，而且这两种事物，只有在物类和物种的本性与个体的本性发生差异时，才互有不同。如果我们细想一想我们对于任何物体的观念，而排除一切与物体的本性无关紧要的性质，我们就可以看到这一点。就以一块石头为例，我们首先可以排除它的硬度，因为那块石头如果液化了，或者化为粉末，它就不再有硬度，不过它仍系一种物体。颜色也可以照样不加考虑，因为我们常见有许多石头透明得并无颜色。其次，我们也可以排除重量，因为就以火焰为例，它虽然很轻，仍系物体。最后，我们还可以排除冷、热以及所有这一类的性质，一则因为我们并不以为这些性质是在石头内的，二则因为这些性质纵然变了，我们也并不认为石头就失掉其物体的本性。在这样考察之后，我们将看到，物体观念中并没有剩下别的，只剩下一种在长、宽、高三方面延伸展开来的东西。这种东西是包含在我们的空间观念中的，而且它不止包含于充满物体的空间观念中，而且也包含于所谓虚空的空间观念中。

12. 在我们的思想情状方面，空间如何异于物体。

不过在我们的思想情状方面，它们毕竟有一种差异；因为，如果我们把一块石头移出它原来所占的空间或场所，我们就会设想它的广延也被移去了（因为我们以为这段广延是特殊的，是和石头本身不能分开的）；不过我们同时认为，石头以前所占的那段空间的广延是存留着；纵然石头的地位被木、水、空气或任何别的物体所占据，或者甚至被假设是空虚的，而那段广延仍是存留着的。因为我们此处所考察的乃是一般的广延，而且它如果像以前那样有相等的体积和形相，并与决定这段空间的那些外界物体保持先前的位置，我们就以为那个广延是为石、木、水、空气以及别的物体，甚至虚空（如果有这样东西的话）所共有的。

13. 外在的场所是什么。

这个理由就在于：场所和空间这两个词同"占场所的物体"这个词所指示的并非真正相异，前者所指示的只是物体的体积、形相及其在其他物体中的位置。因为在确定这个位置时，我们必须注意其他一些我们所认为不动的物体，而且随着我们注意不同的物体，我们可以知道，同一事物在同一时间内，又是改变又是不改变场所。例如，一艘船开到海上，一个人坐在船尾，我们如果注意船的各部分，则那个人可以说是永远留在一个场所，因为他对这些部分来说，是保持其同一位置的。另一方面，我们如果注意两边邻近的海岸，则那个人又将显得不断移动其场所，因为他是不断地远离这一岸而趋近那一岸的。此外，我们如果假设地球在运动，而且它由西往东的运动正等于船由东往西的运动，则我们又将说，船尾上那个人并没有变化其场所，因为这个场所将是被我们所想象的天际的一些不动点所决定的。但是我们如果终于相信，全宇宙中并没有真正静止的点（后面将指出这一层是可能的），我们就会因此断言，任何事物，除了在我们思想中使之固定不变外，都没有恒常的位置。

14. 空间和场所的差异在哪里。

空间和场所这两个名词毕竟有不同的意义，因为场所一词较为明确地指示位置，很少指示体积或形相，而另一方面，我们在说到空间时，我们就想到体积或形相。因为我们常说一个物体占据了另一个物体的位置（虽然它们两个的形相或体积不一定恰恰相等），可是我们并不因此就承认一个物体和另一个物体占着同一的空间。在位置变化时，虽然仍有以前一样的体积和形相，我们也说场所有了变化。因此，当我们说一件事物是"在"一个特殊的场所中存在时，我们的意思只是说，它对一些别的物体来说占有某种确定的位置。我们如果再说，它"占"着那样一个空间或场所，则我们的意思，除了那个位置以外还说，它那种确定的体积和形相正足以使它恰好充满那段空间。

15. 外在的场所如何可以正确地认为是周围物体的表层。

由此可见，我们的确从来不把空间和长、宽、高三向的广延加以区分。我们只是有时以为场所是在事物以内的，有时以为它是在事物以外的。内在的场所和空间是全无差异的，不过外在的场所可以认为是直接围绕着那个占场所的事物的表层。不过我们必须声明，此处所谓表层，并不是指周围物体的任何部分而言，只是指能围绕的物体和被围绕的物体间的界限而言，而这种界限又只是一种情状。若不如此说，至少我们也是说的一般的表层，它不是或此或彼的物体的一部分，而且它只要保持同样的体积和形相，我们就总认为它是前后同一的。因为，虽然整个周围的物体和它的表层改变了，可是被围绕的那个物体，如果同别的被认为不动的事物仍保持同一的位置，我们就不能假设那个物体也因此改变了它的场所。例如，我们如果假设，一只船被川流朝一个方向冲走，同时又被风以相等的力量推向相反的一个方向，因而它对两岸的位置都没有改变。则围绕它的全部表层虽然不断地在变动，可是我们仍然承认它留在原来的场所。

16.要说有一个绝对无物体的虚空或空间，那是反乎理性的。

说到哲学上所谓虚空，即无实体的空间，则这种东西显然并不存在，因为空间的或内在场所的广延，和物体的广延并不互相差异。因为我们所以断言物体是一个实体，只是因为物体有长、宽、高三向的广延（要说虚无可以占有广延，那是矛盾的），因此，我们就可以对假设的虚空形成一个相似的推论说，那个虚空中既有广延，则它也必然包含一个实体。

17. 虚空一词的通常含义，并不排除一切物体。

说实在话，虚空这一名词的通用意义并不是指一个绝对没有任何事物的场所或空间，而是指一个场所，那里没有我们假设为应有的那些东西。就如，人造水瓶既然是为了盛水，所以它在只充满空气时，我们就说它是空的。又如鱼池中没有鱼时，则它虽满贮水量，我们也说其中没有东西。又如一艘船，如果没有运载原来计划要运输的商品，而只载着沙，使船能够抵抗狂风的暴力，则我们也说它是空的。最后，当空间没有包含可感知的事物时，我们也在同样意义下，说它是虚的，显然它仍然含着被创造的、独立自存的物质。我们所以有这些说法，乃是因为周围的物体如果不在我们的感官上印了强有力的印象，使我们知觉到它们，我们便不常加以思考。但是，我们如果不记得虚空和虚无两词的本义如何，而且后来还假设说，所谓虚空的那个空间，不但不含可感知的对象，而且根本就不含任何对象，那我们就错误了。这种错误正如我们因为一个水瓶里只有空气，就说它是空的，并因而判断说，其中所含的空气不是实体一样。

18. 人们所偏执的这个绝对虚空的偏见如何可以改正。

我们差不多所有的人从幼年起就陷于这个错误，因为，我们既然看到，一个器皿与其所含的物体并无必然的联系，我们就以为上帝至少能够从器皿中把其中所含的物体移去，而且在移去以后，别的物体未必一定来代替那个被移去的物体。不过现在为了改正这个妄见起见，我们必须说，一个器皿与其含特殊物体虽然实际上并无必然的联系，可是器皿的那个凹形和那一般认为空窝中一定包含的广延，却有一种必然的联系。因此，我们如果抛开那个空窝中所含的广延，而单独设想那个空窝，或者抛开一个有广延的实体，而只设想这个广延，那就如同我们抛开山谷而只设想一座山一样，显然是矛盾的；因为，我们曾说过，没有东西，便没有广延。因此，人们如果要问，上帝在把一个器皿中所含的物体全都移去以后，如果不再使别的物体填其地位，将发生什么现象，那么我们必须答复说，要是如此，则器皿的各边都该粘合在一块。因为两个物体之间，如果没有东西，则它们必然互相接触；而且要说两个物体会互相隔离，那就是说，会有一种距离，而且那种距离又只是虚无，乃是一种明显的矛盾。因为一切距离都是广延的一种情状，而且离开有广延的实体，它是不会存在的。

19. 这种说法正可以证实我们前边关于稀化作用所说的那些话。

我们既然说过，物质实体的本性只在于它是一种有广延的事物，而且它的广延也并不异于我们透诸空间（纵然是虚空的）的广延，因此，我们就容易发现：它的任何部分，在任何时候，任何途径，所占的空间都不能前后有大小的差异，而且它们的稀化作用也只能由上述的途径来进行。此外，我们还容易看到，一个器皿在包含铅或金或任何坚重的东西时，其中所含的物质或物体也并不加多，而在它只含有空气并被人假设为虚空时，它所含的物质或物体也并不减少。因为一个物体所含的各部分的数量，并不依靠它们的重量或硬度，只依靠所谓广延，而广延在同一器皿中是永远相等的。

20. 由此我们也可以解证出原子的不存在来。

我们还发现出，宇宙中并不能有天然不可分的原子或物质部分存在。因为我们不论假设这些部分如何之小，它们既然一定是有广延的，我们就永远能在思想中把任何一部分分为两个或较多的更小部分，并可因此承认它们的可分割性。因为任何事物，只要我们能在思想中把它分开，我们总还可以承认它是可分割的。因此，我们如果认为它是不可分的，我们对此事物的判断就和我们对此事物的知识不相调和了。我们纵然甚至假设，上帝已把任何物质分子弄到极小的地步，因而不容再行分割，可是我们也不能因此就说它是不可分的，因为，虽然上帝已把这个分子弄得极小，致使任何被造物都不能把它再往下分，可是上帝并不会剥夺自己这种能力，因为他绝不可能减低自己的全能（如我们以前所说）。因此，确实地说来，最小的有广延的分子永远是可分的，因它的本性原来就是如此。

21. 我们还解证出，世界的广延是无定量的。

其次我们还发现，这个世界或物质实体的全部，其广延是无有界限的，因为不论我们在什么地方立一个界限，我们不只可以想象在此界限以外还有广延无定的许多空间，而且我们看到，那些空间是真正可以想象的，也就是说，事实上正如我们所想象它们的那样。因此，它们所含的有物质实体的广延也是无定限的，因为我们在前已经详述过，在任何空间方面，我们所设想到的广延观念，和物质实体的观念，分明是同一的。

22. 由此我们也就推断说，天上和地下的物质都是一样的，而且世界不是多元的。

由此种种，我们也就可以推断说，地和天是由同一物质做成的；而且纵然有无数世界，它们也都是由这种物质构成的。由此，就得出一个结论，即多重的世界是不可能的，因为我们明白设想到这些别的世界所占的一切可以想象的空间（它们只能在这些空间中存在），都为物质所占据，而且物质的本性就在于它是一个有广延的实体，同时，我们在自身也发现不出对于任何别的物质的观念。

23. 物质的全部花样，或其形式的多样性，都依靠于运动。

因此，全宇宙中只有一种物质，而我们所以知道这一层，只是因为它是有广延的。在物质方面，我们所能清晰地知觉到的一切特性，都可以溯源于它之能够依其各部分被分割、被运动。因此，我们所知觉为由物质各部分的运动发生的那些性质，都是物质本身所能有的。因为我们在思想中把物质加以分割，并不使物质稍有变化——它的一切花样或形式的多样性乃是依靠运动的。许多哲学家甚至也似乎普遍地看到这一点，因为他们说，自然是运动和静止的原则，而他们所谓自然，也正是指一切物质事物成为经验中所见的那样时所依赖的东西。

24. 普通含义下的运动是什么样的。

不过所谓运动，据其通常意义而言，乃是指一个物体由此地到彼地的动作而言（我此处所谓运动乃是指位置的运动而言，因为我想不到有别种运动，因此，我觉得我们也不应该假设自然中有别的运动）。我们上边已经说过，同一事物在同时也可以说变了场所，也可以说不变场所，同样我们也可以说，一件事物在同时是被运动的，又是不被运动的。例如，一个人坐在启航的船上，他如果只注意他所离开的岸，并且把它看作是静止的，则他可以认为自己是在运动的。但是他如果只注意船本身，则他可以认为自己是不动的，因为他在船的各部分间总是保持同样的位置。再其次，我们既然惯于假设，离开动作就无运动，并且在静止中动作就停止了，因此，那样坐着的一个人，正可以说是静止的，而不当说是运动的，因为他自己意识不到他是在运动。

25.运动的真义。

不过，如果我们抛开那些全无根据的（除非在普通用法中）说法，希望按照事物的真相，来了解我们对于运动一词所应该知道的内容，那么，为了要给它一个确定的本性，我们可以说，所谓运动，乃是一个物质的一部分（或物体）由其紧相邻接的物体（或我们认为静止的物体），移近于别的物体的意思。我所谓物体（或物质的一部分），乃是指被转移的事物的全部而言——在这个全体中也许含着几个部分，它们自身有别种运动。不过我所以说运动是指那转移过程，不是指那能转移的力量或动作，目的在于表明，运动是永远在可动的事物中的，不是在能发动的事物中的。而我所以如此分别，乃是因为在我看来，我们并不习惯于把这两种东西加以十分精确的区分。此外，我还可以说，运动乃是可动的事物的一种情状，并不是一种实体，就如形相是有形相的事物的一种特性，安歇是静止事物的一种情状。

第三章　论可见的世界

1. 我们无论怎样重视上帝的工作也不为过。

我们已经探究了物质事物的一些原理，这些原理我们是凭理性的知觉而不是凭感官的偏见追求到的。它们这样就十分明白，使我们不能怀疑其真实，因此我们余下的工作就是来考察我们是否单由这些原理便可以演绎出对自然中一切现象的说明来。我们现在将开始研究那些普遍性最大的现象——别的事物所依靠的现象，例如，先开始研究全部可见世界的一般结构。不过要想在这方面求得正确的推论，我们必须先注意两件事。第一就是，我们应该永远记得，上帝的能力和德行都是无限的，而且我们不要害怕自己由于想象上帝的作品太伟大、太美丽、太完美，就会陷于错误。相反地，我们应该小心从事，免得对自己所不确知的作品假设一些限制，因而对上帝的权力不能表示应有的赞扬。

2. 我们应该留神，不要自以为是，认为自己明了上帝创世的本旨。

第二点就是，我们留心不要自负太过。我们既不曾根据自然的理性或神圣的启示，确信世界有界限存在，则我们如果以为自己的思想力可以超出于上帝实际所造的事物以外，而给世界立了一些界限，那就似乎自负太过了。我们如果以为上帝创造一切事物是专门为了我们，或者以为只是我们的智力才能了解上帝创世时所怀的本旨，那就更其自负太过了。

3. 在何种意义下，我们可以说，万物是为人而创造的。

在道德学方面讲，我们如果相信，上帝是为我们创造万物的，则这种思想可以是一种虔敬的思想，因为这种思想可以刺激起我们对他的较大的敬爱和感激心来。这种思想自然有几分是真的，因为任何被创造的事物，我们都可以加以利用（如果所谓利用只是说，在考察事物时我们可以运用自己的心思；并因万物俱备而敬崇上帝）；不过我们大概仍然不能说，上帝创造万物，只是为的我们，并无其他目的。这种假设在物理的推论方面显然是可笑的、不适当的，因为我们知道，有许多现在存在的事物，或曾经存在而今绝灭了的事物，是不曾为人所见所知的，是不曾为人利用过的。

第四章　地球

1. 从关于动物和人方面的研究，我们可以借来什么，以促进我们在物质事物方面的知识。

我要实行原来的计划，在这部《哲学原理》中写出第五和第六两章来，一以论究有生命的动植物，一以论究人，那我就不会在这第四章里再增加什么篇幅。不过关于我原想在这最后两章所要论述的这些事物，我既然不曾得到充分的知识，而且我也不知道自己将来是否有闲暇可以来完成这些研究，因此，我就在这第四章中关于感官对象附论一些事物。这样，我就可以不致由于后几章的缘故而把前几章的发表日期耽误太久。不过我既然出版，我就把后几章中所需要的说明提前在这里略加叙述。我所以不得不如此，乃是因为我一向形容这个地球，和这整个的可见的世界，仿佛他只是一架机器，其中除了它各部分的形相和运动而外，没有什么东西可以考察似的；实则除此以外我们的感官还给我们呈现出许多别的事物来，例如颜色、嗅味、声音等等，关于这些事物我如果完全略而不提，人们就会以为我疏于解释自然中大多数的事物。

2. 什么是知觉，我们是如何来知觉的。

因此，我们必须知道，人的灵魂虽与全身结合着，可是它的主要位置仍在脑部；只有在脑部，它才不但进行理解、想象，而且还进行知觉活动。它的知觉是借神经为媒介的，至于神经，则如一套线索似的由脑起遍布于身体的其他一切部分。这些部分和神经连合得异常密切，因此，我们无论触到任何部分，总要激动那里的一些神经末端。这种运动又传达到那些以灵魂总座为枢纽的各种神经的末端，如我在《折光学》第四章中所已经详释的那样。由神经在脑中这样刺激起来的这些运动，又按照运动本身的多样性在各种途径下影响与脑密切相连的那个灵魂或心。这些运动在心中直接引起的各种感受或思想，就叫作感官知觉，也就是平常所谓感觉。

3. 论各种感觉的区分。首先论内在的感觉，也就是人心的感受（情感）和自然的嗜欲。

这许多种感觉，第一依靠各种神经自身的差别，第二依靠每种神经中运动的差别。不过我们没有像神经那么多的感觉。我们只能发现出七种主要的神经，其中有两种是属于内在感觉的，五种是属于外在感觉的。在胃、食管、咽喉和别的服务于我们自然欲望的那些内在部分方面，那些满布的神经组成一类内在的感觉。这种感觉叫作自然的嗜欲。至于另一种内在的感觉则包括人心的一切情绪、情感和情欲，如喜、忧、爱、憎等；这些感觉所依靠的神经，都遍布于心脏和心脏的附近部分，是极其细微的。举例说罢，如果血液净纯，因而它在心脏中比在平常扩张得较为敏捷，较为有力，则这种血液可以扩大并刺激各脉口上所遍布的那些微细神经，因此，在脑筋中也就发生一种相应的运动，使人心发生一种自然的愉快感情。这些神经只要在同一方式下运动，则这种运动虽是由别的原因引起的，也可以在我们心中刺激起同样感情来。就如，我们在想象自己享受一种幸福时，这种想象本身虽然并不包含愉快的感情，可是它却使血气由脑中进到这些神经所在的筋肉中；到了那里，在这样地把心脏中的脉孔扩张以后，它就使这些微细神经在自然途径下运动起来，因而产生愉快的感情。因此，我们在接到新闻时，心中首先就加以判断，如果是好消息，它就会发生理智的愉快，这种愉快是不受身体的任何情绪的影响的，而且斯多噶学者们虽然认为他们的哲人没有一切情感，他们也承认他应当有这种愉快的。但是这种愉快在由理解进到想象之后，则血气会由脑中流到心脏附近的筋肉中，并且在那里刺激微细神经的运动；由此脑中就产生另一种运动，这种运动又使人心感觉到一种肉体的愉快。根据同样原则，血液如果很浓厚，使它不能畅流于心室中，并且不能在那里充分膨胀开，它就在同一神经中刺激起与前者截然不同的一种运动来。这种运动在传到脑中之后，就使人心发生悲哀的感觉，虽然人心本身在这种情形下，也许并不知道它所以悲哀的原因。其他一切原因，只要是同样地刺激这些神经，都可以使人心发生同样感觉。不过同一神经的其他运动又可以产生别种结果，如爱、憎、惧、怒等等。这些结果都只是人心的一些感情或感受，都只是人心的一些纷乱思想，它们不是单由人心本身产生的，乃是因身心的密切联合来的，而心的印象是由身体来的。这些情感和我们对于应爱、应选、应避的种种事物所具有的清晰思想，是大有差别的，只是我们常见它们混在一起罢了。至于天然的嗜欲，如饥、渴等，也是由胃、食管和咽喉等等的神经在心中所生起的，它们和我们要食、要饮、要做各种事情来维持身体等等的意志，是完全不同的。不过因为这种意志或欲望几乎永远和它们混在一块，因此它们也叫作嗜欲。

4.论外面的感觉；先论触觉。

我们通常认为外面的感觉共有五种，因为能感动神经及其器官的各种对象也有五种，而且这些运动在心灵中所引起的纷乱思想也共有五种。第一点，终止于全身皮层的那些神经，可以为任何物质的对象通过皮层加以刺激；由某种途径能为它们的硬度所刺激，由另一种途径能为它们的重力所刺激，由第三种途径又能为它们的热力所刺激，由第四种途径又能为它们的湿度所刺激，如此类推。这些神经有时可以照平常途径来运动，有时被阻不能进行其平常运动，因此，它们就发生各种情状，这些情状有多少样，则心中也刺激起多少样的感觉来，而与此数目相等的触觉的性质便由此获得它们的名称。此外，这些神经如果运动得比平常稍为有力一点，但不至于损及身体，我们就又生起发痒的感觉来，这种感觉天然使人心感到舒服，因为这就向它表示出和它联合的那个身体的各种力量（因为身体在受了能引起这种痒觉的动作以后，竟未受伤）。但是这种动作如果很强，足以在哪一方面损伤身体，这就给予人心以一种痛苦的感觉。因此，我们就看到，肉体的快乐和痛苦，虽然是一些十分相反的感觉，为什么会由多半相似的原因发生。

5. 论味觉。

第二点，分布于舌头及其附近部分的其他神经，也被同样几种物体的各分子在各种途径下所刺激。这些分子各各分离，浮游于口腔的津液中，因而就按照各自的形相的差别产生不同滋味的感觉来。

6. 论嗅觉。

第三点，还有两条神经或脑的附属物（因为它们根本出不了脑壳的界限以外），也被地上空气中所浮游的、分离的物体分子所刺激。不过并不是说一切分子都可以刺激它们，因为各种分子要想刺激它们，必须是细微的，而且在吸入鼻孔以后，还要能穿入所谓海绵体的骨孔中，以达于神经。从这些分子的各种不同的运动，就产生各种不同的嗅觉来。

7. 论听觉。

第四点，耳中有两条神经，附着于互相支撑的三块小骨上。这三块小骨中第一块依于一片薄膜上，这个薄膜又罩着所谓鼓室的那个空穴。因此，周围空气传于这个薄膜上的各种颤动，便可以由这两条神经传到心中。这些颤动又依其差别产生各种声音的感觉来。

8. 论视觉。

最后，视神经的许多末端形成了眼的外膜，就是所谓视网膜。这些末端并不是被空气或地上的对象所刺激的，乃是被产生光和色的感觉的第二种原素的微粒所刺激的。这一点我已在《折光学》和《论气象》中充分阐明过。

9. 论心灵只能在脑中发生知觉。

不过我们已经明白证实，心灵之从事知觉，并不在于身体的各部分，只是在于脑中，因为外界各种物体在刺激了神经所在的身体的各部分以后，其所发生的各种动作都借神经的运动传到脑中。因为，第一，我们知道，有许多疾病虽然只影响脑部，可是它们也会使各种感官失调，或者使它们完全失其作用。就如睡眠虽然只影响脑部，可是在每日大部分时间中，它会使我们失去知觉能力，而后来在觉醒状态下，这种能力才又恢复过来。第二个证明就是，脑中或外面感官所寓的肢体中，纵然没有疾病，可是由脑展及于各肢体的那些神经的运动在脑和各肢体中间的全程的任何一部分如果受到阻塞，则那些神经所终止的那一部分的身体，也可以不生感觉。第三个证明就是，我们虽然有时在我们身体的某些部分感到痛苦，可是这种痛苦的原因也许不在我们感痛的那些部分，而是在脑的附近，而且那些神经只是通过头脑才给人心产生痛苦的感觉。我本可以用许多实验来证明这种事实，不过我在这里只提到一种。一个女子在手部生了恶疮，她在医生来诊治时总把眼蒙住，因为她不敢看裹伤口时的情形。后来坏疽逐渐蔓延，过了几日她的手臂被齐肘割断（她不知道）；他们把麻布带子一层一层裹起来，来代替割去的那个下臂，因此，她曾有一段时间不知道已经动了手术，同时她不断叫痛，有时说在她那被割去的手的一个手指上，有时说在另一个手指上。这个现象的唯一的解释是，以前由脑部下布到手上的那些神经，现在虽然只达到肘部附近的那一部分，可是它们现在的运动，也正和以前在手上时的运动一样，也仍足以照以前的样子，把这个手指或那个手指的痛觉，传于寓在脑中的心里。这就分明指出，手部痛觉之为人心所知觉，不是因为它在手上，乃是因为它在脑中。

10. 据人心的本性讲，只有物体的运动才能在其中刺激起各种感觉来。

其次，我们还可以证明，按人心的本性讲，只有物体的各种运动才能在人心中刺激起各种思想来，而这些思想并不一定在任何方面和产生它们的运动相似；而且，这些运动还能在人心中刺激起所谓感觉的那些纷乱的思想来。因为我们见到，各种语句不论发为声或只书写出来，都在我们心中刺激起种种思想和情绪来。在同一张纸上，用同样的笔墨，我们只要以某种方式把笔尖在纸上挥动一下，我们就能写出一些文字，在我们读者心中生起交战、骚动、忿怒等思想，以及愤恨同悲痛种种情感。但是我们只要把笔尖在略有分别的另一种方式下挥动一下，这种微小的变化就可以造成与以上相反的各种思想，如怡静、和平、愉快等思想，以及完全相反的爱恋和欢乐等情感。有人或者会反对说，写字和说话在人心中并不直接刺激起感情来，也不能使我们想象到那种异于文字和声音的东西。它们只使我们认知这些文字和声音，而人心在借此了解了这些文字的意义以后，才在其自身刺激起与这些文字相应的一些想象和情感来。不过人们关于痛觉和痒觉怎么说呢？刀割皮肤时的运动只能产生痛的感觉，而并不因此使我们觉察刀的运动或形相。而且这种痛的感觉之异于引起它的那种运动，异于受刀割的那个身体部分的运动，也确乎像我们对色、声、香、味等等的感觉之异于那些运动一样。根据这一点，我们可以断言，按人心的本性讲，单单是某些物体的运动也能很容易地在心中产生别的感觉来，正如刀的运动能使心中产生痛苦的感觉一样。

11. 我们借感官在外界对象方面所知道的，不外乎形相（或位置）、体积和运动。

此外，我们在各种神经方面，也看不出什么差别，使我们可以断定，各个神经系从外面的感觉器官给脑部传来各不相同的种种事物。我们也不能说，除了这些神经本身的局部运动外，还有别的东西达到脑部。我们还看到，单是局部运动不但使我们发生痒觉和痛觉，而且发生光觉和音觉。因为，如果我们眼上所受的打击很强，足以使所生的颤动达到网膜，我们就看到许多火星，实则它们并不在我们眼外。我们如果用手指把耳塞住，我们就听到嗡嗡的声音，而其原因又只在于耳中所关闭的空气的激动。最后，我们还常见，热度（硬度、重量）和其他可感的性质（就其在物象中而言），以及纯粹是物质的那些对象的形式（例如火的形式），其所以发生于各种物体中，也只是由于别的某些物体的运动，而这些物体在别的物体中产生出别的运动来。我们很容易设想，一个物体的运动如何可以为另一个物体的运动所引起，并且因其各部分的大小、形相和位置而有所变化，但是我们却完全不能设想，这些同样的东西（即大小、形相和运动）如何能产生出完全异于它们自身的一些东西来，类如许多哲学家认为存在于物体中的那些实体的形式和实在的性质。我们也不能设想，这些性质或形式如何会有力量，来在别的物体中生起运动来。不过我们既然根据我们心灵的本性知道物体的各种不同的运动足以在其中生起它所具有的各种感觉来，而且我们又据经验知道，它的某些感觉实在是由这些运动造成的，而且除了这些运动以外我们又发现不出有任何东西由外面的感觉器官进入脑中，因此，我们就有理由断言，在各种外物方面，我们只能把我们所谓光、色、味、香、声、热、冷，以及别的可触的性质，或我们所谓物体的实体的形式等等，了解为能在各种途径下触动我们神经的这些对象的不同的配置。

12. 自然界任何现象的解释在这篇论文中都不曾省掉。

在轻而易举地列举了各种现象之后，我们就可以推断说，在这篇论文中，我们不曾省略掉任何一种自然现象的解释；因为超过感官的知觉而外，任何事物都不能认为是自然的现象。但是除了物质各部分的运动、体积、形相和每一物体各部分的位置而外（这些我认为是在物体中的），我们凭感官所知觉的，只有光、色、香、味、声，以及别的可触的性质，而这些性质，我最近又曾指出（至少据我们所知的，我可以如此说），只是各种对象的一些配置，只是它们各部分的体积、形相和运动。

13. 这篇论文所包括的原理没有不是公认的，并且这种哲学不是新的，而是最古老、最通俗的一种哲学。

我还愿意提到一点，就是我在这里虽然已努力解释了物质事物的全部本性，可是我所应用的原理没有不是为亚里士多德和历代哲学家所接受、所赞同的。因此，我这个哲学不但远非新的，而且是在一切流派的哲学中最古老、最通俗的。因为实际上我只思考了各种物体的形相、运动和体积，并且根据日常经验所证实的机械的原则。考察了它们互相结合后所应有的结果。不过没有人曾经怀疑过，各种物体是被动的，它们的各种运动是按照它们的各种形相和大小而变化的，而且在相撞以后，原来较大的物体会分成许多较小的，因而改变其形相。我们不止凭单一种感觉体验到这种说法的真实而是凭多数感觉如触觉、视觉和听觉体验到的：我们还清晰地想象到它，理解了它。不过这种说法不能适用于感官所知觉的任何别的事物，如颜色、声音等等。因为这些性质只各自刺激一种感官，只能在我们的想象上印上它自己的一种纷乱的影像，并不使我们的理解能清晰地知道它是什么。

14. 可感的物体是由不可觉察的分子合成的。

我承认在每一物体中有许多分子不是为任何感官所能知觉的，不过人们如果以为感官是一切可知物的尺度，则他们或者会不赞同这种说法。但是我们如果假设，人类理性不能超出视觉以外，那我觉得我们是太贬抑人类的理性了。因为，人们只要思考一下逐渐增长的物体所时时增加的东西，以及逐渐减少的物体所时时失去的东西，那就没有人能够怀疑有许多物体是小得不能为任何感官所知觉的。一棵树是日日生长的，我们如果不设想有某种物体加在它身上，我们就不能设想它如何会变得比以前大了些。但是谁曾用感官知觉到一棵成长中的树在一日中所增加的微小体积呢？在哲学家方面，至少那些主张数量可以无定限分割的人们，应当承认，在分割之后，各部分会变得很小，以致完全不能为人所知觉。不过我们正不必惊异，我们何以不能知觉最小的物体；因为受了物体的刺激而产生知觉来的那些神经，其本身并不是最小的，它们只像一些细绳，是由一索较细的纤维组成的，因此，极小的物体便不足以刺激它们。这些渺小物体所以不可觉察，只是因为它们太小，因此，我们在判断它们时，只应以我们在可见现象方面所见的事实来类推，并且由此来解释宇宙中一切现象（就如我在这篇论文中所试图解释的那样）。因此，我们不应当在解释这些事物时，杜撰一些莫名其妙的新奇事物，如元质（first matter）、实体的形式（substantial forms），以及许多人所爱假设的好些性质。因为这些性质和我们所实在知觉的事物并无关系，而且它们本身比它们所要解释的那些事物还要难懂。我想，任何人只要能运用自己的理性，他就会承认，前一种推理途径，比后一种较为接近真理。

15. 德谟克利特的哲学，不但和普通哲学不同，而且也和我们的不同。

人们或者会说，德谟克利特亦假设有一些原子，形相不同，大小各异，运动互差，而且以为它们在堆积一起，互相配合以后，便产生一切可感的物体来；可是他的推理方法是大家一般所排斥的。我可以答复说，德谟克利特的哲学所以被人排斥，并非因为他承认有比我们所知觉的物体还要小的物体存在，并非因为他承认它们有不同的大小、形相和运动，因为任何人都并不怀疑实在有这些东西（如我们所说的那样）存在。人们所以排斥那种哲学，第一是因为他假设这些原子是不可分的，而根据这一点我也同样加以排斥。第二乃是因为他想象在原子周围有一个虚空，而我又指出这是不可能的。第三乃是因为他认为这些物体有重量，但在我看来，一个物体单独被思考时，并无所谓重量，因为重量乃是依靠各种物体的相对运动关系和位置关系的一种性质。最后，又因为他不曾特别解释，一切事物如何会只由原子的会合而来，而且他纵然解释过少数事物的原因，他的全都推论也绝不是首尾一贯的，也并不能担保我们可以把同样的解释应用于整个的自然界而无错误的。如果我们可以根据他的流传至今的作品来判断他的意见，那么这至少是我们对他的哲学所加的判决。至于我所宣扬的哲学是否首尾一贯，我们是否可以根据它的原理演绎出必要数目的理论来，那就只有让别人来决定了。关于形相、体积和运动的考察，虽然被亚里士多德和其他诸人所承认，又被德谟克利特所承认，可是我不但排斥了前者的一般假设，而且也排斥了后者的一切假设（除了这种考察），因此，我的学说不但分明和其他学派不相似，既便和德谟克利特的学派也不相似。

16. 我们如何能知道物体中各不可觉察的部分的形相、体积和运动。

不过，我既然一方面认为物体中不可觉察的分子具有确定的形相、体积和运动，仿佛我曾见过它们一样，而在另一方面，却又认承它们不为感官所知觉，因此，有人或许会问，我是如何知道它们的。对于这个问题我答复说，我首先概括地考察了在我们理解中存在的一切关于物质事物的明白而清晰的意念，结果我只看到有形相、体积和运动三种意念，以及这三种互相变化的一些规则（这些规则就是几何和机械学的原则），因此，我就判断说，人类对自然的知识，必然都是由这个根源得来的。因为我们对可感事物的全部别的意念都是纷乱的、混乱的，并不能帮助我们认知外界任何事物，反而足以妨碍我们这种知识。因此，我就以自然在我们心中所灌输的最简单、最易明白认识到的原理作为我的推论根据，并且考究那些由于微小不可得见的物体的体积、形相和运动之间可能会有什么主要的差异，而且在它们以各种方式发生接触时，会产生出什么明显的结果来。后来，我看到在我们凭感官而知觉的物体方面也有同样的结果，因此，我就判断说，它们只能由这种途径产生，尤其是因为我们想不出别的解释它们的方法来，所以我们更不能不如此说。在这问题上，由人工所造的一切物体对我很有帮助。因为我们在人造的物体和自然的物体之间只承认一种差异，就是机械的结果大部分依靠某些工具的作用，这些工具因为要和制造它们的那些手成比例，因此，它们总是很大，以致它们的形相和运动都能为人所见，至于自然物体的结果则几乎永远依靠某些小得难以察觉的器官。我们分明知道，机械学的一切规则都是属于物理学的，它们只是物理学的一部或一种，因此，一切人工的事物也同时是自然的。因为由一定数目的轮子所构成的钟表，其标时作用是很自然的，正如一棵树由某一粒种子生出后，结下特种的果实，是一样自然的。熟悉自动机的那些人，在知道了一架机器的用途，并看到其各部分以后，就容易由此推断出别的未经见过的机械的制造法，因此，我在考察了自然物体的明显可感的部分和结果以后，我也就试着来确定它们的原因和不可觉察部分的特征。

17.关于我们感官所不能知觉的那些事物，我们只消解释它们如何能够存在就行，而亚里士多德所试探的，亦只限于此。

不过在这里有人也许会答复说，虽然我假设了可以产生一切自然物体的原因，我们并不应该因此就断言，它们是由这些原因所产生的；因为，一个匠人所做的两块表，虽然都一样正确地指示时间，虽然外表都一样，可是它们的齿轮的构造，亦许会全然各异。因此，崇高的造物者亦有无数方法供其应用，他随便用一种方法，就可以造成世界上一切现象，如我们所见的那样，不过人心却不可能知道，他究竟选用了哪一种方法。这一点，我是可以完全承认的。不过我相信，我所指出的各种原因，其结果既然和自然中一切现象都确相符合，那么我虽然没有断定它们确实是由这些或那些原因产生的，我也就把自己应尽的职责做到了。为了日常生活之用，我们只要知道所想象的这些原因，也就够了，因为医学、机械学以及以物理学为基础的一切艺术，都只以那些可感的结果为目的，都只在于使一些可感的物体互相结合，使它们在一长串自然的原因中，产生出一些可感的结果来。既然如此，则我们只假设这样所想象的一串原因为真的（虽是假的），也就足以济事，因为我们假设这一串原因和可感的结果方面的那一串原因是相似的。人们或者会假设，亚里士多德所做的或自夸所做的，要比这个多，不过这层假设是不对的。他们应该记住亚氏在其《论气象》第一卷第七章开始时所说的话；他曾经说过，关于那些不为感官所知觉的事物，他只要指示出它们可以照他那样来解释，那他就以为自己已经提供出最充分的理由和解证了。

18. 就概然性方面立论，我们也可以确知，这个世界上的一切事物，也正如这里所指出的那样。

但是我们如果假设真理没有它在实际上那样确定，则我们正枉屈了真理，为了避免这层起见，我将在这里辨别两种确实性。第一就是所谓概然的确实性，这种确实性足以供日常生活之用——纵然就上帝的绝对权力方面讲，概然的确实性也许是虚妄的。就如，凡是从来没有到过罗马的人，都不怀疑它是意大利的一个城市，实则传布这个消息的人们，亦许都是受了骗的。又如一些拉丁字不按平常的字母次序写出来，则一个人如果想测其中的字母，他或者会把 A 猜为 B，B 猜为 C，如是一直下去，把字母表中后一个字母来代表前一个字母。他如果借这种方法，看到有一些拉丁字可以由这些猜出的字母组成，他就会相信，所写出的东西的真正意义是包含在这些文字中的。他之发现这一层，也许只是由于猜想，而且写的人也可能并不曾按字母表的次序来排列这些字母，而只按别的次序来排列它们，因而其中隐藏着别的意义。可是这一层不是必然的，因而似乎是不可靠的，尤其在密码中包含着一大堆文字时，更是这样。人们既然看到，关于磁力、火以及全部世界的结构，许多道理怎样可以由极少数的原理推演出来，那么纵然他们以为这些原理只是信手拈来，并无根据，他们也许会承认：这些原理如果是虚妄的，那么许多事情就不会互相符合。

19. 我们对于这一点还有超于概然确实性的确信。

此外，即使在自然的事物当中，也有一些事物是绝对确实的。绝对确实性之所以产生，乃是因为我们判断出一件事物不能不如我们所想象的那样。这种确实性乃是建立在形而上学的基础上的，就是说，上帝既是至善的，而且是一切真理的来源，因此，他所给我们的那种分辨真伪的官能，就一定不能是错误的——只要我们能正确地运用它，并用它清晰地了解一切事物。属于这一类的，是数学的解证，认为物质事物必然存在的知识，以及关于它们的一些明白的推论。我在这篇论文中所举出的那些结果，也许可以归在绝对确实的那一类真理中，倘使人们考虑到，它们是由最原始最基本的人类知识原理，在前后相接的系列中推演出来的；尤其是，如果我们充分理解，除非外界对象在我们神经中引起某种局部运动，我便不能知觉它们，而且极远的恒星，除非在那些星中以及界于它与我们之间的天空中也有运动产生，则它们便不能引起这样的运动。因为，人们只要承认这几点，则我关于地球或世界所提出的别的一切原理（至少那些比较一般的原理），类如天体流动说等，几乎都可以认为是它们所呈现的现象的唯一可能的解释。

20. 不过我仍愿让教会的权威来判断我的一切意见。

但是为了避免自信太过起见，我不敢确说任何事物，我只愿把我的一切意见求教于教会的权威和大哲的判断。除非人们被理性的力量和证据逼得非承认不可，我希望他们不要轻易相信我所说的话。

方　法　论

译者序

　　《方法论》在一六三七年七月八号出版于莱顿（Leyden）（由约翰·麦列［Jean Maire］所印行）。原来这部书中包括着折光学、气象学和几何学，所以它的原名是："指导理性在科学中来寻求真理的正确方法论。并依据这个方法而写的折光学、气象学和几何学数篇论文"（Discourse on the Method of Properly Guiding the Reason in the Search of Truth in the Sciences. Also the Dioptric, the Meteors and, the Geometry, Which Are Essays in This Method）。

　　笛卡尔的几何学在纯粹数学中虽然开了一个新纪元，不过它却融化在后来的作品中了。他的折光学也被牛顿的光学所掩蔽了，他的气象学也被后来的纯粹实验的方法所代替了。所以人们在翻译他的《方法论》时，都把这三部分忽略过去。

　　不过人类知识的进步虽然使人忘掉了他的数学和物理学的论文，但是他的《方法论》实在是很可惊羡的一个宣言，它曾把人心由形式主义的死亡下唤醒回来；因此，人类是永远不会忘掉它的。它是用法文写的，文体明白简捷，我们在法国散文中很难找到足以和它相比的文章。它在出版以后，就震动了欧洲的学界，哲学史上还少有一部书像它那样。他对他的亲近朋友说过：他不相信这部书中会有三行被人排斥或改变了，而且在他所出版的东西中如果有任何些小虚伪之处，则他的全部哲学将不值一文。

笛卡尔在早年就相信了，不论在经院内外，科学都处于可怜的情况下，他这种确信使他想到科学方面的思想是应当加以改革的。他所不满的，还不是知识的贫乏和其狭窄的范围，他乃是不满意于人们在证明知识时所用的那种不确定的方法。他所不满的还不是学问的缺少，因为自文艺复兴以来，典籍已经积累得很多了。但是他愈仔细考察，愈觉得实在知识的缺乏正是科学所以不昌明的原因，在他看来当时的科学缺乏了一种东西，那种东西不但是最好的，而且是一切的一切，那就是所谓真正的知识。人们一向把笛卡尔比做路德（Luther），那是最恰当的。路德确信教会需要真正的宗教，同样，笛卡尔也确信科学需要真正的知识。这种比较颇能阐述明白笛卡尔在哲学上的地位和功绩。

我们知道，笛卡尔很厌恶经验哲学的系统，所以他决心舍去它们。他的耶稣教会的教师们只是由亚里士多德、圣奥古士丁（St. Augustine）和圣汤姆（St. Thomas）抄袭来各种原则，实则那些原则，他们是没有了解明白的，而且他们自己也不曾来加以证实。他们以为三段论法是把这些原则扩大成知识系统的大工具。

笛卡尔却主张把一切只由权威而来的原则都排斥了。他看到，三段论法在解释各种原则方面讲虽有大用，可是我们想用它来增加知识，那是没有用的。我们所需要的，乃是一些明白的原则，并且由这些原则推演出一些确定的结论来。

绝对确实的知识只能建立在绝对确实的根据上，《方法论》所要解释的就是获得这种知识的途径。我们如果想得到绝对确实的知识，则我们必须由最简单的观念着手，最容易的问题着手。对象愈简单，则我们愈可以迅速地完全地考究了它的一切部分。一个简单明白的概念，比许多暧昧模糊的观念较有价值。能构成知识的，不是材料，而是思想。

按笛卡尔说来，真理的标准只在于基础稳固的演绎。我们必须找到真理的源泉，并且极其细心地，极其精确地，一步一步跟着次序走。他说："至于科学考察的目的，则我们不敢受别人思想的指导，也不敢受自己的猜想的指导。我们必须依从我们所能明白清晰知道的，必须依从我们确实由我们的知识所推出的。"

他看到数学正是他所需要的一种科学，因为数学可以在有秩序的途径内由一个问题进到另一个问题，由一个答案进到另一个答案，由一个发现进到另一个发现。他看到数学是解决问题的唯一方法，它能借已知以求未知。他于是进一步把数学方法普遍化了，他把分析法应用于人类的全部知识，他把各种问题分解开，以便决定真理是在何种条件下才能产出的。他的数学方法并不限于数量（Quantity），他把数学看成是一种科学规范，是一切知识的密钥。他在《指导人心的规则》内说："这就是我在这部论文中所着眼的目标。如果这些规则只能解决数学家和几何家所用以开心的一些问题，则我一定不会像这样着重它们。在这个论文中，我虽然常提到形相和数目——因为我从别的科学中找不到那样明白而确定的例证——但是一个留心的读者会看到，我并不是着重普通的数学，我只是解释一个化装而未露真相的方法。真正说来，我相信，这个方法胜过其余一切求得知识的方法"，"因此我就不特别用力来研究算学和几何，而只是专心来研究一种普遍的数学科学（an universal mathematical science）。我首先问我自己说，人们所谓数学有什么意思，他们为什么认算学和几何学是数学的一部分，而不认天文学、音乐学、光学、机械学以及别的许多科学也有同样配称为数学的权利。在我看来，所谓数学就是全部'科学'，所以上述的这些门类正和几何学同样配称为数学"。（*Rules for the Direction of the Mind*，iv. p. 217）

数学的基础在于演绎，演绎又从何处开始呢？在推论中，每一段都依靠于紧在前面的那一段，因此，它们都依靠于先前的各段，而且它们离那个无依靠的起点愈远，则它们愈是有依靠性的。因此，演绎的发端就不是一个推论，而是一种直接的确实性，是一个知觉，一种直观。因此，直观就是知识途径的起点，而且知识是由这个起点演绎出的。

但是直观的对象又是什么呢？它就是一切演绎所凭的那个不能再由其他方演绎出的条件。一切可见的物象所以能存在，必须以视的能力为条件，同样一切可知的物象所以能存在，也以智慧的能力为条件。这就是演绎的基础。一切事物，我都借推论来知道它们，只有一个对象是我直接意识到的——那就是我自己，我的存在，我的思想。

笛卡尔如何证明这个自我的存在呢？他说，"我思，故我在"。但是他这个简短的结论却是由复杂的深刻的怀疑过程来的，所以我们现在可把他的怀疑方法详谈一谈，因为这正是他的哲学的起点。他说"我怀疑一切事物"，我们要问，这位谨慎小心的思想家为什么要有这样根本的普遍的一种怀疑呢？这个简短的警句并不是偶然来的暗示，不是一个粗疏大胆的结论，乃是长期考察自己的结果。

（一）经院中的科学和书本上的学问最初引起了他的怀疑。他看见有一大些互相冲突的学说，由各时各人剽窃而来，不经考察就传播出去，并且借经院中的权威和影响教给人们。他是渴慕真理的，并不能接受那一堆纷乱而无根据的学说。

（二）我们心中有一大堆根深蒂固的思想，借习惯变成我们的第二天性，使我们难以不相信它们。它们是建基于我们的初次的印象上的，是建立在儿童的信仰上的；我们最爱相信它们。但是经验却告我们说，这些思想许多是虚妄的。其余的思想难道就是真的么？它们的真理是没有担保的。我们如果想稳当地往前进行，则我们至少认它们都是不定的，可疑的，纵然我们不认它们是虚妄的。

（三）我们儿童时的想象固然是铲除了，可是我们的感官知觉又如何呢？它们是一样根深蒂固的。它们和儿童时的信仰一样，也是不确定的。感官也常欺骗我们，使我们不能尽认它们的报告是真的。要鲁莽地相信自己感官的报告，乃是一种自欺。

（四）我们的身体和其肢体，以及其现在的状态和活动，分明是无人能怀疑的现象了吧，但是这种实在性果然是在一切条件之下都可以被人接受的么？我们是在梦中的，我们经验到这种幻觉。我们经验到我们的梦，也梦见我们的经验。同一样现象，有时是幻梦的对象，有时是经验的对象。我们也没有标准来无误地、决定地分别梦中的幻象和醒时的经验。

（五）这些对象固然许是梦中的影像，但是一个影像是由一些成分组合成的。那个影像纵然是虚幻的，它的根本的原素确乎是实在的。如果没有一些基本的观念，如空间、时间、广延、形相、数量、数目，则便没有感官的对象，也就没有影像，因此，也就没有梦中的影像。在这里，我们的怀疑似乎该停止了。但是我们仍必须问，我们一切表象和想象中这些原素是由谁来的，它们的实在性是否可以为它们的创造者所担保。这些原素不是由外来的，似乎是天赋的。因此，它们的根本必须求之于超自然的源泉，必须求之于创造世界创造我们的上帝中。那么我们是否可以假定，我们的一些观念是由神来的，是否可以借此假设来免避自欺呢？但是我们愈假设他是不完全的，则他愈没有权力使我们免受欺骗。在另一方面，他愈有全能，他也愈会欺骗我们。也许上帝的意志是善的，但是他如果不愿意我有错误的话，则我为什么事实上又有错误呢？分明他的意志不能使我免于错误，而且他有权力足以使我盲目。因此，我就处于一个幻象的世界中。

但是，样样事情虽都是可疑的，可仍有怀疑是确定的。"如果样样事情是可疑的"，那也只是说，"我怀疑样样事情"。后一个命题也正和前一个命题一样确定，那也就是说，我是确信有我的。如果这种确信是一种"自己""欺骗"，则如果把欺骗去掉，仍有自我。如果"欺骗"可以免掉，则我的存在是必然的。如果没有自我，则也没有所谓自己欺骗，也没有所谓怀疑。因此，现在我就找到一点，是"怀疑"所不能攻克的，因为怀疑还正建立在那一点上。纵然我们假设自己被一个恶神驱迫在一个幻想世界内，但是我们仍是存在的，不论我们处于如何盲目的状况下。因此，我就得到最后的一个命题，说"我是存在的"。

但是"我"又是什么呢？我不能说我是人，我是这个物体，因为一切物体或者都是幻象。但是我如果把一切可疑的东西都除去，则仍有能怀疑的这个自我存在。我所认为不确定的东西纵然都不存在，而我的"不信任"仍然存在。我纵然不是我所想象为我的那种东西，而我的想象仍然存在。我所肯定或否定的东西纵然都是假的，而我之肯定和否定仍是真的。但是所谓怀疑、想象、肯定、否定等，都是思想的状态。因此，在把一切可疑的东西都除去以后，思想仍是存在的。因此，我的不变的本质就在于思想，我的思想就是我的存在。"我思想，所以我就存在"。这个命题乃是毫无可疑的，它是最基本最确实的真理。

我的存在又凭借于什么呢？按因果律说来，"无中不能生有，样样事情都是由能产生它的原因而来的一个结果"。如果原因中所含的较结果中所含的为少，则结果中这种剩余一定是由无中生出来的。因此，我们就可以说，原因一定不能比结果较为缺欠，它一定比结果含有较多的实在性，或者同结果含有同样多的实在性。在第一种情形下，原因之于结果正和匠人之于作品一样，因为匠人比其作品有较多的实在性。在第二种情形下，原因之于结果正和印模之于印本一样。笛卡尔称前一种原因为超越的原因（Causa eminens），叫后一种为形式的原因（Causa formalis）。（此层分别很重要，读者应该注意。）

如果我们存在的原因，不是最完美的神明，则它一定是较为不完美的一种东西——或者是我，或者是我的双亲，或者是别的东西（也许一个，也许数个）。如果我是自己的创造者，则我该有能力把我所能存想到的一切完美性质都给了我，因此，我就成了上帝。但是我实在不具有这些完美性质，它们并不在我的权力以内，因此，我就不是自己的创造者。再其次，保存作用也正是一种继续不断的创造，而且只有能创造的人，只能保存。但是我并没有保存自己的能力，因此，我就没有能力来创造我自己。我没有能力使我的存在继续下去，我的父母也没有这种能力，所以他们也不是我的创造者。我既然是一个思想的东西，则我如果具有这种无上能力，我一定会觉着它，但是我实在觉不着，所以我不是我自己存在的原因。我们也不能认较高一层的东西是我的根源，因为这就无异于假设无限的一串倒溯的原因；照这样，则我们永久不能达到那个具有产生能力的最后原因。那个具有产生能力的东西一定是异于我们的，一定是能自存的。它就是上帝。要否认这个意义下的上帝，就无异于否认我们自己的存在。

我们还可用下述两个论证来证明上帝的存在。

（一）按确定性的原则说，凡我们所能明白清晰存想到的任何事物都是真的。在上帝观念中，我明白地、清晰地存想到他的存在，因此，他的存在就是无疑的。这个正如三角形的概念中含有"三角之和等于两直角"的那种性质一样。我们一存想山，就不能不想到谷，同样，我们一存想到上帝，也就不能不存想到他的存在。山和谷既然不能分开，所以上帝的概念和上帝的存在也是不能分离的。这是由概念到存在的一种论证，名为本体论上的证明（Ontological proof）。

（二）我们的内在经验中分明有上帝的观念。这个观念是不能被我们产生出的。因为上帝是无限的，我们是有限的，上帝是完美的，我们是不完美的，上帝的概念中比我们自己含有较多的实在性。那个观念中，那些神圣的完美品德也不能由许多原因来，因为那样就缺乏了统一性。因此，只有唯一的上帝能够为这个观念的原因。这是由事实到原因的一种论证，它叫作因果论上的证明。

我和上帝的存在既然被证明出来，现在我们就进而来考究物体的存在和其本性。我们明白地清晰地知道，在我们以外有各种事物，独立于我们的思想以外。那些事物对无限的上帝说是有限的，对精神的人类说是物体的。心和物间这种"反对"形成了笛卡尔形上学的终点，和他的自然哲学的起点，它是由知识学说进到物体学说的一个过渡。物理学的根本问题就在于：物体本身是什么？它们的品德是什么？

由心物两种实体的对立看来，凡精神的一切性质都不能混杂在物体的概念中。我们必须把思想的主观情状除去，然后才能得到物体的概念。在除去一切可感的性质以后，所留余的才是物体。我们纵然知觉不到它们，它们仍然存在。因此，它们的可感性质就不是它们的本性。一块石头在我们触它时，似乎是硬的，不过它如果变为尘土，它仍然是石，虽然它已经不坚硬，硬度固如此，冷、热、色、重等性质也是一样。颜色不属于石的本性，因为有的石头是透明的。重量不属于物体的本性，因为有些物体如火之类是没有重量的。在分析物体的概念时，笛卡尔所循的途径，仍然和他在考察人心时所循的确乎相似。在自己的知识方面，我们的主要问题是对我们的本性得到一个纯粹的概念。在世界的知识方面，主要的问题是在寻求纯粹的物体概念。在前一方面，我们必须把凡不属于我们本性的任何事情都除掉；结果，只剩下思想的活动，那就是说，只有思想构成了人心的品德。同样，我们也必须把不必然属于物体本性的事物都排除于物体的本性以外。结果只剩下了广延（extension），那就是说，只有广延构成了物体的品德。

我们自己是独立的有意识的存在，是能思想的实体。物体是独立于我们以外的，它们和心没有共同的地方。心和物的对立是很显然的。凡能思的东西都不是有广延的，凡有广延的东西都是不能思的。思想和广延乃是绝不相同的两种东西。这就是笛卡尔的二元论。这种学说困难殊多，所以它就引起了石朗（Geulincx）的缘起论（Occasionalism），斯宾诺莎（Spinoza）的泛神论，和莱布尼兹的单元论（Monadology）来。

笛卡尔的哲学大意已如上述，现在我们可以看看他留给我们的教训是什么？

笛卡尔的功绩并不在于他的建设方面，而在于他的破坏方面。他那时代的人们已经厌恶了衰颓的经院哲学，已经觉得借传统的方法不能得到知识，已经因宗教的改革唤醒了自己的独立思想。笛卡尔正反映了这种心理。他觉得当时的哲学是纷乱的，虚妄的，应该用一个新的系统来代替了它。他觉得我们必须抛弃陈腐的方法，必须把一切成见扩清于智慧以外，必须摆脱开一切书籍，专来依从理性的光亮。

（一）为获得真理免避自欺起见，笛卡尔第一步就教我们来怀疑。信仰的习惯是最强烈的，而且也最难拔除。我们必须借怀疑来驱除自欺，但是我们如果只是明白了怀疑的意义，怀疑的理由，那还不够，我们必须习于这种思想方式，处于批评的心理状况中，一如以前处于不批评的心理状态中那样。批评是较难的一件事。因为自欺的习惯是自然来的，而欲免除自欺，则必须把人心训练一番。

我们必须有意识的决心来指导自己的心理。我们要摆脱了自欺作用，而且我们不止在此时、此地、此种情形下，而且是在一切时、一切地、一切情节下来摆脱了它。自欺作用是普遍的，有惯性的，所以驱除自欺的那种怀疑也得成为普遍的，成了我们惯熟的思想方式。我们应该留心这种怀疑有什么目的。这种怀疑不是指向某一个意念，它乃是指向全人类的状态，它乃是指向自欺、想象和盲目。人如果要排斥这种怀疑方法，那他一定是赞成自欺。人如果恐怕这种怀疑，则他就不是虔诚信教的，乃是受了蒙蔽的。自欺的反面正是忠于自己。这就是一切真理的源泉，也是追寻真理的勇气所由以生的源泉。一个人如果不忠于自己，则他就没有勇气来看穿自己的盲目，没有勇气来追寻真理；他在大体上说是不忠于自己的，而且他在别的事情方面所表示的坦白只是虚假的。"忠于你自己"，正是笛卡尔的怀疑的要旨，也就是它的职务所在。

（二）其次我们就可以谈到确定性的原则。怀疑并不是消极的，乃是创造的，所以怀疑的结果就达到确定性；他所以要怀疑，乃是为要知道得更确定一些。确定的标准就是"明白"（Clear）和"清晰"（Distinct）。他曾用一个公式来表示真理的原则说："凡我所能明白而清晰地存想到的，才是真的"。他说："我们如果没有确定的判断，则我们纵然把柏拉图和亚里士多德一字一句都读了，我们也不能在哲学中稍进一步，我们由此只能增加了我们的历史方面的知识，却不能增加了我们的真理方面的知识"。有系统的思想必须由明白清晰的观念慢慢往前演绎，他反对人盲目地来搜求各种意见，和盲目地来寻求各种发现。博学者不是思想家，乃是搜集家。思想家寻求洞见，他的洞见愈明白，他愈宝贵它，而且它如果不是完全明白的，他就认它是没有价值的。至于搜集家则只是寻求号称为学问的那种东西；愈稀罕的，他愈觉有兴趣。思想家所宝贵的是明白，搜集家所宝贵的是稀罕，至于盲目地来企图发明的人们，正和寻求宝库的一样，他们只是在这里在那里挖掘，希望侥幸遇到金子。他们的探求往往是白费力的，纵然他们能侥幸求到珍宝，那也只是借一股好运气，而不是借助于艺术。我们宁不寻求真理，也不可在黑暗中来寻求。

笛卡尔和培根相似，他们的贡献，与其说在于方法，不如说在于态度。笛卡尔的先验方法，和培根的归纳方法，都不曾使科学得借以进步。但是他们两人实在是新时代的曙光，他们给了人们一种新的观点，新的勇气，使人们敢于反抗传统的权威，敢于打倒迷信的偶像，并且敢于担当寻求真理的责任。没有这两位"摩西"，科学界的迦南乐土恐怕不能迅速地达到罢?

第 一 编

　　见识，在人间一切事物中，是分配得最平均的；因为人人都觉得自己的见识是足够的了，就是那些在任何别的事情上最难满足的人，提到他们自己的见识，总觉得心满意足，不想更求多了。在这一点上人们也不见得都是错误的。一般人既多秉持这种信念，这就差不多可以证明人类天生就平等地赋有一种可以分辨是非、判断正确的能力，这就是所谓见识或理性。这个信念还可以证明，我们意见的分歧，并不是因为有些人天赋的理智比别人分量多，而只是因为我们运用思想的途径不同，注意的对象也不同。因为我们光只有一种健全的心智还不够，最要紧的还是如何使用这种心智。世上最伟大的智者，虽然可以做到最高的成就，但是他们也容易陷于最大的迷惑。反之那些行路迟缓的人，只要他们永远依着正路走，比起那些跑了一会就离了正路的人，也须可以有更大的进步。

　　说到我自身，我从来没想，我的心智，在任何方面，比一般人的心智较为完全。不但如此，我常常觉得，在思想的敏捷上，在想象的明白清晰上，在记忆的丰富与现成上，有些人都使我自愧比不上他们。除了上述的三项，我不知道还有什么性质，可以使心智更为完全。人之所以为人，人之所以与禽兽有别，既然全靠人有理智，我颇相信理智是每个人完全具有的。在这一点上，我愿采取哲学家的普通意见，以为大小之差，高下之别，并不在于同一类中各个体的形式或本性（Forms or Natures），只在于它们的偶性（Accidents）。

我在早年便得到了几条途径，引我走到了一些思想和原理上去；从那些原理我便造成了一个方法；这方法给了我一种工具，使我逐渐地增长我的智识；并且在我这平庸的才能同短期的生命所能许可的范围内，一点一点地把智识积叠得到了最高的顶点。我毫不迟疑地承认，这真是我的特殊的幸运。因为我从这方法上收获的效果，委实不小了。虽然我常常觉得自己微末已极，虽然我常以哲学家的眼光观察人们各式各样的途径和企图，觉得没有一样不是空虚无用，然而我每想到自己探讨真理所得到的进步，不禁感到一种最高的满足，而且不由得对于将来怀着那么大的希望，竟然相信：假如人们的一切职业中，要是有一种可算是真正完美，真正重要，那就是我选的这一种了。

说了半天，我也保不住是错了的；也许我把碎铜块同玻璃片，当作了黄金同金刚石。我也知道关于我们自己的事情，我们是常常容易迷误的，而且我们朋友们的判断，要是偏向我们时，也不一定是可信的。不过在这本书中，我要努力叙述我所遵循的那些途径，并且如在画图中一样描写我的生活，好使人人自己都能批评这些途径；过后我还要从收集来的当代报告中，把一般人对于这些途径所怀的意见，考察一下，好使我除了习用的那些途径以外，再得到新的帮助，新的教训。

所以我这部书的计划，并不是教人一种方法，让各人遵循着，来适当地运用他的理智，我不过只是叙述，在我努力地来运用我的理智时，我曾经采用过什么途径。凡从事给人教训的人，一定看他们自己所具有的技术，要比他们所教的人为高；不过他们只要在微细节目上，稍为错误，他们是不能免于惩责的。不过这一本小册子，既是只当一段历史，或者只当一段故事，讲述出来，那么书中那些不可遵从的例证，虽或比值得仿效的例证一样多，但是我还希望，这本书会有益于一些人，而无害于任何人，并且希望，我这坦白的态度，可以得到一切读者的嘉惠。

我从儿时起，就熟悉了文字；而且因为听人说，借着文字的帮助，我们可以对于人生中一切有用的东西，得到清楚而确定的智识，所以我当时就很热烈地想得到教训。不过当我一完结了全部学程的时候，论理在这学程终了日子，我们可以被列于学者之林了，可是正在这时期，我完全改变了我旧日的意见。我觉得自己困在许多疑虑同错误中，因此我不得不相信，在我所有向学的试探程序中，没有丝毫进步，只是在一弯一转，更发见了自己的愚昧无知。但是我读书所在的那个学校，还是欧洲最著名的，而且如果任何地方要是能找出学者来，我想那个学校里，一定也会找到。我在那儿，学了旁人所学的一切科目；而且因为还不满足实际所教的各种科学，所以关于那些被人认为最奇妙而稀罕的学科，凡落到我手的书籍，我又都把它们读了。我也知道，别人对我的批评如何；学友中虽然有些人已经被标记出来，将来充当我们的教师，但是我也并不曾见到，人们以为我是劣于同侪的。结果，再说到我们的时代，据我看来，在宏儒硕学、人才济济方面讲，比起往古的任何时代，也并无逊色。因此我便不自禁地，冒昧地以自己的标准，来衡量任何其他的人，并且得到一种结论，以为当时所有的任何科学都不是如从前人们所告诉我的那样。

但是对于学校的课程，我依然重视。我很明白学校中所授的各种语言，对于了解古人的著述是必要的；我知道寓言的优美可以激发心思；我知道历史上的丰功伟绩可以提高心思；且我们如果能谨慎研读，它们还可以帮助我们形成确当的判断；我知道一切精美的书籍，我们一披阅，都好像可以使我们同过去最高贵的人们会面；他们把书籍写下来，只向我们把他们那些最完美的思想发露出来，所以我们同他们不但会面，而且会面时是要费心机的；我知道雄辩有一种无比的力量同美丽；我知道诗歌有它的怡神的美致同乐趣；我知道在数学中有好多精微的发现，特殊地适合于满足那些好思索的人们，并且可以助进一切技术，而减轻人类的劳苦；我知道在道德的论文内，包含着各种效用最大的德性教条同劝告；我知道神学可以指点出登天路程；我知道哲学可以供给人们一种手段，好在谈论各种题目时，带出真理的外貌来，而使头脑较为简单的发生羡慕；我知道法学、医学以及他种科学，都可为那些研究各该科的人们，求得功名利禄；最后我还知道，我们若对于一切科目，都加以注意，那是很有益的，甚至于那些最富于迷信同错误的学科，我们也不可忽视，因为这样，我们便可以有机会来决定它们的真正价值而提防着它们的欺骗。

不过我相信，我曾经费过充分的时间，来致力于各种语言，并且研读古人们的著述，以及他们的历史同寓言。因为同往古的人们来谈论，正如到各地去旅行一样。我们如能知道各民族人情风俗的大概，也是很有益的，因为这样我们便可以对于自己的人情风俗，形成一个比较正确的观念，而不至于像那些未出国门的人们，误以为任何事情，只要与我们的习俗不同，都是可笑的，都是非理性的了。但在另一方面讲，如果旅行占的时间太多了，我们对于故乡反而成了生人；如果对于往昔的风俗太留意了，又往往忽略了现代的风俗。除此以外，虚构的撰述又可以引动我们来想象，许多不可能的事实的可能性；即在最可靠的历史，纵然他们不完全谬述事实，不夸大事实的重要性，来使他们的记载更值得人的披阅，但是至少也可以说，他们几乎常常要把那些最微末而不甚引人注意的连带情节，省略了，因此那所余的一部分，并不能代表真相；至于那些想从此种故闻找寻先例来支配他们行动的人们，最容易陷于小说中游侠的狂妄，而且最容易心存超过自己能力的大计划。

我最重视雄辩，对于诗歌，也觉得十分爱好；不过我以为二者都是造化的惠赐，而不是研究的结果。因此人们只要理智才能极其显著，而且最精于调度自己的思想，使其清楚而易于了解，那么纵然他们说的是下不列颠尼话，而且完全不知道修辞学的规则，也很容易拿上他们所建立的真理，说服旁人；而且人们只要心里满贮着最美妙的幻想，而又能以最高度的功巧同谐和，把他们表达出来，那么，虽然他们不晓得诗学是什么，仍然不失其为最好的诗人。

因为数学的推论准当而明确，所以我特别欢喜数学；不过对于数学的真实用途，我当时还不曾有一种确实的知识；当时只想到，数学只是对于机械的艺术，扶助其发展，所以我很奇怪，这样坚强结实的基础上边，竟然没有更高一点的上层建筑，建在上面。在另一方面，我又把古代道德家的议论，比之于一些伟大壮丽而却植基于泥沙上的宫殿；他们虽然极端称赞德性，把德性形容得比地球上任何东西都贵重，但是他们并不曾给我们以德性的恰当标准，而且他们以美名相称的那些德性，往往只不过是无情、骄傲、失望，或是弑亲等恶德。

神学我也崇敬，天堂我也同任何人一样要想上去。但是因为人们教我的确相信，上天的路途，对于最无智识同最有学问的，都一样公开，而且神示的登天真理，也远超于我们的理解力，所以我也不敢擅自以自己微弱的理智来研究它们，而且我想要胜任快愉地来从事考验它们，我们必须从上天得到一些特别帮助，而且我们也必须有超人的能力才行。

关于哲学，我也不愿多谈；我既然看到许多最出色的人物，已经经过多少年，反复研究哲学，结果，在哲学的范围内，还没有一件事情不在争论之中，因此也就没有一件事情，可以免除怀疑，所以我也不曾擅自预想，我在哲学中的成功，可以比旁人大；而且当我一存想，对于一件事情，各学者所持的见解，如何纷歧错杂，而事实上又只能有一条真理时，我把一切只有或然性的意见，都认作差不多是虚伪的。

至于其他科学，在它们假借哲学原理的范围内讲，我的判断以为在那样不坚实的基础上，是不能建立很稳固的上层建筑，因此各种科学所呈现出的荣誉同利益，都不足求使我来研究它们，因为，感谢上帝，我的环境，并不强迫我以科学为营利的工具，来改进自己的命运，而且虽然我不能自认如愤世派（cynic）一样地鄙夷人世光荣，但是只凭虚誉所能得到的尊荣，我是很不重视的。末了说到那些假科学，我想我是充分知道它们的价值的，所以虽有炼金家的招摇，星相家的预言，魔术家的欺骗，虽有一些本无知识，而冒充有知识的人来设骗计，来行夸张，我是足可以逃了他们的欺骗的。

因为这些理由，所以一到我的年纪可以使我脱离教师们的管理时，我便完全弃绝了文字的研究，并且决意不再探讨别的科学，而专来致力于自己的知识，或是说致力于世界上那本大书。因此我那青年时期的后半期，都消耗在各种方面；我曾经访过宫廷同军队，曾经同性情各异、等级不同的人们谈过话，曾经采集过各种经验，曾经在幸运把我投置到的各种环境内，试探过自己，并且最重要的，还在我所经验的各种事情上，加以反想，以求自己的进步。因为我感到，在普通人的推论中，比在学者们的推论中，我可以找到较多的真理；因为普通人的推论，是参考着与自己有切身利害的事情的，而且如果他判断错了，结局当下就会与他不利的；反之在那些学者们，他们只关心于不切实际而徒逞玄想的事情上，而且结果或者亦没有多大危险，只是结论愈离的常识远些，愈能培植他的虚荣心罢了；因为要议论绝俗，他们必须费较大的机智同艺术，使得他们的结论看起来可能些才行。我还要说的，就是我常存着一种迫切的欲望，想分辨真与伪，好使我能清清楚楚地识别出人生的正当途径，以来秉着自信力向前进行。

　　真的，当我只是考虑别人的举止时，我在这儿，几乎也找不出任何理由，可以使人有定谳的确信，而且在这儿我所看到的一般人的矛盾，也不亚于哲学家意见的纷歧。我既然看到，有许多事情，虽然在我们看来，觉得狂妄可笑，但是在其他大民族，仍然一致地被采用要承诺，因此我便得到了另一种十分坚定的信仰，毫不致意于仅以先例同习俗所说服我的那种真理了；从此旧日各种错误，虽其势力足以障覆我们的天赋智慧，并且大量地剥夺我们的能力，使我们不能听从理智，但是我慢慢地都从它们拔出自己来了，这便是我从研究人生中所得到的最大利益。我从事于研究那本世界大书，并且企图得到一些经验，已有数年的光景，嗣后我便决意以"自己"为研究的对象，并且决意利用我所有的心的能力，来选择一条当循的道路。我若是不曾离开我的国家或以前所读的书籍，则那种研究，所得的成功，一定是没有那样大的。

第 二 编

当时德意志的战争还未停止，所以我便被好奇心所激动，跑到那里去；皇帝加冕以后，我又回到军队里；寒冬已临，静蛰一隅，虽无朋友助兴，颇幸没世虑同情欲来分心；因此终日闲居暖室中，能有充分的机会，来专心遐想。我首先想到，分部繁多、工出众手的作品，每每不及一个工匠独力所成的那样完美。就以建筑为例，要是多数人改造一所房屋，把原来建的旧墙垣，都乱行拆补，强来牵就自己的计划，结果这所改建的房子，一定不及一个建筑家所计划经营的屋宇，那样精致，那样安适。因此凡是由乡村慢慢进化成都会的古代城市，普通总是赶不上专家在大平原上，自由计划建筑起来的城市。因为虽然前者也许有些房屋，可以同后者的比美，或者加胜，但是人们一看到它们那样杂乱无章、大小不等的情形，和弯曲不整的街衢，便容易想到，支配这样设施的，只是机运，而不是受理性指导的人类意志。我们虽然知道，各时代都常常有一些官吏，专以监督私人建筑合于公共美观为职责，但是以他人的物材来设施，而欲其达到最完美的程度，这种困难，是一看便知的。同样，我还想象，一些民族如果是由半野蛮的程度慢慢进于文明，而且他们的法律如果是逐渐决定的，是经了特殊罪恶和争吵的祸殃以后才被强迫采用的，另一些民族如果在一起首联络成社会时，就遵从一个聪明立法者的部署，则前一些民族由演化得来的制度，一定不及后一些民族所创造的制度那样完美。因此真正的宗教，他那组织的规制既然是由上帝得来的，所以它的组织，比起任何其余宗教的组织，都是非常优越的，这乃是很明确的道理。再说到人事上，我相信斯巴达过去的灿烂，并不是由于他们特殊的各种法律具有优越性，因为他们的许多法律都是奇特的，而且是与良善的道德相抵触的；我以为他们的灿烂，还是由于各种法律，起始就按照一定的目的为一人所创设。同样我想，要是把许多人的意见堆积在一本书里边，只有或然的推论，而没有明确的解证，那么这种书里边所讨论的科学，比起普通有见识的人，根据自己经验的材料，应用着自己天赋而无偏颇的判断，所能得到的简单理论，还要离得真理远些。说到人的一生，我们既是先要经过婴儿的阶段，才能达到成人的时期，并且要在相当期间内，受了各种欲望同教师们的指导，才能求得各种经验（他们的命令自然常常互相矛盾，而且或者都不能教给我们最好的途径），所以我又觉得，我们的理智，若是从一生来，就已经成熟了，而且我们也只受过理智的支配，那么我们的判断，一定是不能像普通那样正确，那样稳当的。

为着要重建城市内房屋，把它们一齐推倒，并且想得借此步骤，使街衢美观起来，这自然是不习见的事情：不过私人们要是拆倒自己的房子，好来重新建造一次，这并不足为奇。而且人民的房屋，要是因为年代久远，有了倒颓的危险，或是基础不稳固时，他们有时是要被公家强迫地来把自己的房屋拆倒的。本着这个惯例，做我的榜样，我就常想，一个私人，要是为得改良一个国家，想根本地把它通盘改变了，连根带叶地，把它颠覆了，那不过是一种荒谬绝伦的思想；同样要本着相似的计划，来改良各科学的全体，或是改良学校中久已确定的教授科学的程序，我想也是一样的不通。不过说到我个人当时所怀抱的意见，我想除了决心把它们立刻廓清而外，再没有别的善法；因为这样一来，则我以后就可以接受较正确的意见——自然它们在经过理智的考察以后也许同以前的意见一样错误。我确乎相信，以这种方法来支配我的生活，一定有重大的成功，反之我若是只在旧基础上施行建筑，并且仍然倾心于幼年时所轻信的那些原理，一定没有多大成功。因为，虽然我也承认，这种企图本身带着许多困难，但是这些困难，并非不可救药；而且也万不能比公共事务，稍有改革，即便引起许多困难的那种情形。至于大的物体，如果一下倾覆了，再来复修，自然困难异常，甚至于摇动得厉害了，再来立正，亦觉得难以为力，而且这样的建筑要倒塌下来，那常常是有祸患的。因此各国家的组织，纵然有不完全的地方（单就各国组织的纷歧上讲，就很可以证明有许多不完全的地方），可是人们习之已久，就觉得顺利起来，甚至于自在进行，毫无阻碍；而且在人的机智不能完全预防的地方，习俗也常于无意中，改正了一大些不方便；结果所谓缺点，比起铲除缺点时所必需的改革，还要好受些。同样蜿蜒群山中的大路，因为走的久了，也可以慢慢变得很光滑很方便，因此我们如果遵循这些大路来走，反而比攀登绝壁，下落山麓，以来找一条直路，更要好些。

有些心怀技痒而勤恳的好事者，虽然论他们的门第同幸运，都说不到可以来管理公共的事务，但是他们仍然要常常计划公事的改良；这些人，我是无论如何不能赞成的；而且我想我这本册子，要是有地方可以使人怀疑我也受了像他们这种愚妄的蒙蔽，我是绝对不准其出版的。因为我一向所筹思的，只是如何改良自己的意见，并且如何在纯粹自打的基础上，把意见建立起来，除此以外，再没有较高的企图。而且虽然我对于自己的作品，感到兴趣，不由得把这本草稿献在这儿，但是我无论如何不想向人人建议，把他们自己的意见，一齐都扫荡了。比我聪明的人，自然可以怀着更惊人的计划；不过说到大多数人，恐怕就是现在这种企图，他们要冒险来仿效，也是不很妥当的。因为要想把一个人过去的信仰，统统剥夺了，那不是人人应当采用的计划。大多数的人，可以分做两种，而这种计划，他们决心行起来都不合宜。第一种人对于自己的能力，有过分的自信力，所以他们的判断，匆促而欠周密，没有耐心来从事端详有序的考虑。因此，他们如果贸然怀疑起自己平素的意见来，舍离了那已经走平了的大道，那么他们虽有捷径，可以省些路程，但是也恐没法绕行，反而不免迷惑无归，终其身继续浪游。第二种人有充分的识见和谦德，他们相信世上有些人，辨别真伪的能力比自己的大，并且有能力来指教他们；我觉得这个见解也很妥当，因此他们宁可安分自足，不必凭借自己的理智，以求更正确的意见。

说到我自身，我若是只受过一位老师的教训，或者不知道，从远古以来，最大学者之间，早已有了纷歧的意见；我一定也是属于第二种人的。但是很早地在我做大学生的时候，我已经觉察到，凡我们所能想象到的意见，无论如何荒谬可笑，没有不被一些哲学家所主张过；而且在后来的旅程中，我又看到，有些人的意见，虽然在我们看来，极端可厌，但是他们并不因此就成了野蛮人同生番；不但如此，许多这些民族，运用理智的能力，纵使不能胜过我们，也多半可以赶得上我们。我还注意到，一个人要是从小就生长在德国或法国，他在这儿所表现的性格，与他以同一心智，生长在中国或其他民族时，所表现的一定不同；此外我还注意到穿衣的景况，一种装式，在十年前可以取悦于我们，或者在十年中也须又流行回来，但是在此刻，总觉得狂妄而且可笑。这种种情形都使我想到，我们各种意见的根据，大半只是习俗同先例，而不见得是任何确定的知识。不过我们的意见虽然靠大众的向背，然在真理难以发现的情景下，多数人的选票却不能担保真理的确实性，因为在此种情况下，真理往往是被一人所发现的，而不是被多数人所发现的。有此种种原因，我竟然不能在大众中，选出一个意见值得我推重的人来；那么，我只好运用自己的理智，来指导自己的行为了。

但是这样独辟途径，正像一人独身暗中行走，因此我觉得要往前进行，非慢慢地审慎从事不可；这样纵然我不曾走得老远，但是至少也可以防止住颠覆。因此纵然有些旧意见，不经理性的介绍，已经潜入到我的信仰内，我也不曾急遽地把它们舍弃掉，我只是首先费去充分的时间，来考究我要从事的那事业，大概是什么性质，并且来推求一种真正的方法，好使我在自己的能力范围以内，得到事物的知识。

在哲学的各门中，我很早就注意于论理学；在数学的各门中，我很早就注意于几何学同代数学。这三种艺术或科学，我当时以为对于我的计划，应该有所贡献，但是一经考查以后，我就发现了它们的缺点；说到论理学，它的三段论法同大多数的法规，只是在我们传达已经知道的事理时方才有用；或是如洛丽（Lully）的艺术一样，在我们对于不知道的事情不加判断，而便畅谈的时候，方才有用；对于未知的事情，它是不能帮助我们来发现的。这种学科中，虽然包含着一大些正确而精美的法规，但是同时也有许多有害而且虚伪的法规搅和在一块儿，所以想来分别真伪，几乎就同从一块粗造的大理石中，提炼出一个第亚纳神（Diana）或明尼瓦神（Minerva）出来一样困难。再说到古人的几何学同近代的代数学，它们所包含的东西，我以为既然十分抽象，并且在表面看来，也好像没有用处。不过这一层我们且不说，我们只说，几何学所思考的，只是限于形相，而且它虽然能运用我们的理解力，但同时它又必然使人想象过度，发生疲乏之感。至于代数学，则我们太受法则和公式的束缚，所以这种艺术充满了纷乱同暧昧，只足以纷扰人心，而不是作育人心的良善学科。因此我便想找些备具三科的利益，而没有它们缺点的另一种方法。我们知道，国家法令如毛，反足以阻窒公道的施行，反之纵然法令稀少，如果真要严格地实施起来，也可以治理得很好。因此，我便立了四条规则，来代替论理学中所包含的那一大些条规；并且我相信，如果我能在样样事情上都有坚决不摇的决心，都能遵守这些规则，我想这四条规则，为数虽少，对于我也就尽可够用了。

第一条是：无论什么东西，我要不能清清楚楚知道它是真的，我一定不当它是真的看。这就是说，我要谨慎地来避免"匆促"同"偏见"，并且是说，除了吾心认为明白清晰，毫无疑义的东西，我的判断中是不能夹杂任何成见的。

第二条是：要把所考察的困难，按照必需的程度，尽量分成许多部分，好使有适当的解决。

第三条是：按照秩序来运用自己的思想，从那最简单最容易知道的对象起始，一点一点地，或者一步一步地，升到那较为复杂的知识。而且在我的思想中，纵使有些对象，没有前因后果的关系，我也要按秩序，把它们排列起来。

第四条是：在各种情景下，都要把详细的条目完全数出来，并且要全体校勘，使自己确知并没有遗漏了任何情节。

因为几何学者常常惯用一长串简单容易的推论，达到那最难解证的结论，所以我想，我们所能知道的一切事物，一定也有同样相互的关系。同时我也想到，我们只要不至认假成真，而且常常在思想中，保持一种必要的秩序，好使自己从此一条真理，推到另一条真理，那么我相信世上的事物，一定不会离我们太远，以至于摸索不得，也不会隐藏得太深，以至于不能发现出来。我的研究既然应当从最简单而容易知道的对象起首，所以我便很容易地，找到入手的地方。而且因为我当时看到，在一切探讨科学真理的人们中间，只有数学家能得到任何解证，能得到任何确定而明显的理由，所以我觉得他们的研究，一定是遵着这种由简而繁的规则的。因此我便决心先来考察最简单的对象；不过我也不曾预期有多大的利益，只是想得使心理养成爱护真理的习惯，并且使它厌恶一切不健全的推论罢了。就是如此，我也并不曾想得把所有号称为数学的各特殊科学，都弄得精通；不过因为我看到，它们的对象，虽然纷歧，但是它们在考察对象间各种关系上，比例上，还都一致；所以我觉得，在进行研究时，最好是以最普遍的形式，来考究这些比例，或关系。若非为容易了解这些关系起见，我简直无须把任何特殊的对象，拿来做参考；而且就在应用对象做参考时，无论如何，我也不把这些关系限于这些特殊的对象上：因为我若不加限制，后来遇到旁的对象时，如果这些关系可合法地应用在它们身上，我便更好来运用了。同时因为我感到，想来了解这些关系，我有时要一条一条地考究它们，有时要把它们分明地记在心上，有时要把它们合拢起来都把握住；所以我又想到，要想得把这些关系一条一条地来研究，我当把这些关系看得好像是直线中间的关系一样，因为表现在我们想象同感官上的物象比直线更清楚更简单的，我是找不到的；至于说到想来把这些关系保留在记忆中，或是合拢起来把它们把握住，我还应当用上最简单的一些记号，把它们表示出来。借此途径，我相信我可以把几何学同代数学中所有的优点借来，而且可以用上这一科的长处，改正那一科的缺点。

说到事实上，我敢大胆地说，自从我精密地遵从这几条规则以后，我在分析研究"几何学"同"代数学"中所包含的问题时，便觉得很自在；因此在研究几何同代数的两三个月以内，我不但把以前所认为极端困难的问题解决了，并且对于那些尚不能解决的问题，也好像能决定应当采取什么方法，来解决它们，并且也可以决定它们能解决到什么程度。我所以能有这样结果，乃是因为我先从最简单最普遍的真理着手，使所发现的前一种真理，都可以在发现后一种真理时，当作规则来应用。我这种说法大概不是太虚妄的，因为人们应该知道，只在特殊的每一点上既然能有唯一的真理，所以人们只要知道了这个真理，就无异于知道了那一点上所能知道的一切。举例来说，一个儿童如果已经学得了数学的基本观念，并且按照规则特别地演习了几次加法以后，则他可以相信，关于在他面前那些数目的总和，他已经找到人类天才所能了解的一切性质。末了，我们可以说，这种方法，既然教人严守真正的秩序，既然教人对于所研究的事物，要精确地计算其一切条件，那么这种方法，一定包含着凡能给数学规则以确实性的东西。

不过我所以满意这种方法的主要理由，还是因为我在一切事物上用运用理智的时候，虽没有达到绝对的完美，但是我还相信，至少在我的能力所能达到的范围内，得到最大的完美；除此而外，我还觉得，借着这种方法的运用，我的心智渐渐养成一种习惯，对于外面的物象，有了较明白、较清晰的概念；并且因为这种方法，既然没有限制在任何特殊物象上，所以我希望，在我应用这种方法来解决其他科学上的困难时，所得到的效果，也可以比得上我应用这种方法，来解决代数上的困难时，所得到的效果。但是我还不曾因此就冒险地来考察我所遇到的各种科学上的困难，因为这样是与这方法中所开列的秩序相违反的。不过我既然看到，各种科学的知识，都依凭于从哲学中假借来的原理，而哲学本身又没有一条准确的原理，所以我想，顶要紧的，还是要努力先来建哲学的原理。不过当时因为我看到，这一类的研究很关重要，而且在研究时，又最怕判断的"匆促"同"悬想"，所以我想不可立刻从事；等到我的年纪已经更成熟了（当时仅二十三岁），而且我已经用上好多的时间来准备这种工作了，一面把从来我所接受的错误观念从心中拔出，一面聚积好多经验来供给推论的材料，一面更继续着运用我所选择的那个方法，以便在应用中，得到更加进的技术——我想到了这时候，才可以着手从事。

第 三 编

我们若是重修我们所住的房子，那么在动工以前，势不能仅仅把房子拆倒，把工人同原料预备现成，或是自己来参加工作，实现了事先拟定的计划，就算了事；因为我们势必在工作时际，备置好别的房子，作为安适的住所才行。同样在理性使我停止判断的时候，为避免在行动上犹疑不决起见，为要此后仍能度最幸福的生活，而不受阻碍起见，我也拟就了一套暂时的道德规条；这套规条，大约包含着三四种原则，我很想让读者知道它们。

第一条原则是：要来服从自己国家的法律同习俗；并且我从幼时，借着上帝慈惠，所学的那种信仰，我也要坚确地固守不移；至于在其余事情上，来规制自己的行为时，我要遵循那些最中庸的意见，遵循那些离极端最远的意见，遵循当代最明哲的人们在实际行动上所要一致采取的那些意见。因为在当时我虽然起始把自己所有的意见一扫而空，使它们都受自己的考验，但是同时又感觉到，除了遵循最明哲的人们的意见而外，再没有其他好法子。自然在事实上，在波斯人同中国人当中，也同在我们当中一样，也一样有聪明人，但是为方便起见，好像应当照着与我共同生活的那些人们的意见，来指导自己的行为才是。据我看来，要想辨识那些人们的意见，我应当先从认识他们实际的行为入手，不必徒听他们的议论；这不只是因为世道坏了，少有人肯照着自己的信仰来说话，也是因为很多人，还不曾觉察出自己真正的信仰来。因为信仰一件事，是一种心理作用，知道自己是如此信仰，是另一种心理作用，所以两种作用，可以各自独立地呈现出来。至于势均力敌，争讼未决的意见，我常常选择那最中庸的；一面为的是，中庸的意见最易于实行，而且也或者是最好的意见（因为凡过度的通常是恶劣的）；一面也为的是，设若陷于错误，也可以同真理相近一点；因为我若是选择了一极端，而事实上所当遵循的乃是另一极端，那么我岂不是离真理更远了？说到极端一类的事，我特别反对那些束缚自由的誓约，这并不是因为我不赞成法律允许誓言同契约，使各方固守信誓，在实现美举时，来防止意志薄弱的人们的转变，也并不是因为我不赞成法律批准相似的契约，在普通事情上来维持商业上的安全；乃是因为我在地球上，找不到任何东西，完全超乎变化，乃是因为我希望要慢慢地来改善自己的判断，而不欲阻止它的进步；因此我觉得，我若是在某时间内，因为赞成某件事情，便把我自己束缚住，以后不论这件事情值不值我的赞成，也非得来赞成它不可，那真是一条糊涂的大罪恶了。

第二条原则是：在行动上能坚持到什么程度，便要到什么程度；纵然极可疑的意见，一经采用以后，也当拳拳服膺，一如服膺最准确的意见一样，我所以如此，乃是要仿效旅行家的例子；因为旅行家在树林中迷惑了道路的时候，不应当来来回回只管跑，更不应当停顿在一隅，蛰伏不动，他们只应当依着直线，向一个方向继续进行；原始决定他们的选择的，或者只是偶然的机会，但是走在中途，是不能因为些小理由，改变了方向的。因为这样，他们纵然不一定能够达到他们所希望的地点，但是结果或者可以达到比树林中心较胜一筹的地方。同样在行动上，因为常常不允许人的迟误，所以我们在没有力量决定真伪时，应当照可能性最大的意见来行动，这乃是毫无疑义的道理。即使我们看不到这一个意见，比那一个意见的可能性大，我们仍然要加以选择，而且在实行的范围内，我们既把意见选择过以后，便不可再来怀疑；我们应当把所选的意见，看得十分真实，十分准确，因为我们所以选择它的理由，正是包含着真实性同准确性的。我常见意志薄弱而游移的人们，因为缺乏明白而确定的选择原则，往往今天采取一种行动，认为最好，明天又把它弃掉，认为最坏；因而他们的内心，常常受懊恼同悔恨的扰搅；但是说到我自己，自从采用了这种原则以后，我便很可以把这些不自在统统免掉了。

第三条原则是：要努力战胜自己，而不求战胜幸运；要改变自己的欲望，而不求改变世界的秩序；而且在大体上要常常相信，除了自己的思想以外，没有东西是绝对在自己的能力范围以内的。因此，我们如果在外面的事情上，已经尽了自己能力，而仍不免失败时，我总把失败的事情，看成本来就做不到的，来自行安慰。有了这条简单的原则以后，对于不能得到的东西，我也就不欲多所希冀，因此我便做到知足自乐的地步。因为我们的意志所以追求外界的物象，既然是因为我们的理解认为可以求到，才来追求，那么我们要是把一切外面的物象，都看成是在我们能力以外的东西，那么我们纵然不能享用与我们身份相称的物品，纵然无缘无故地把它们丢掉了，我们也是不必懊悔的，因为这个也不过等于我们不能占有中国或墨西哥的帝国罢了。我们如果真能"将计就计，逆来顺受"，那么在疾病时，也将不会希冀康健，在禁锢时，也将不会希冀自由，亦就如同我们现在不希冀金刚不坏的身子，同可以高飞的鸟翼，是一样的。不过我自己也承认，要想拿上这个眼光，来衡量一切事情，一定需要长久的训练，同反复的思维，才能养成这种习惯；并且我相信，往古的哲人，所以能超过命运的力量，所以能在困苦贫穷中，享受着一种为诸神所羡慕的幸福，他们那种能力的神秘处，也大半就是得力于我这种看法。因为他们要是不断地考虑自己能力的天然限制，日久自会完全相信，除了自己的思想而外，没有别的东西是可以受自己支配的；这种信念自身，已足可以使他们不再贪图其他的事物，而且因为他们在自己的思想上，得到一种绝对的权威，所以会相信，自己比起世俗那些得意的人来，是更富厚、更有权、更自由、更幸福的。一般的人们，纵然造化同命运都特别加以隆宠，但是如果缺乏这种哲学，他们也不会尽量实现自己的欲望。

末后，要来完结我这一套道德教条，我可以说：我曾经想把人世间各式各样的事业，来考察一遍，以便选择一种自己认为最好的事业。现在我也不愿意对于别人的事业，贡献自己的意见，我只是把关于自己事业的信念陈述出来好了。我以为除了继续旧循的道路而外，再没有别的好路，我只好决心尽自己的一生，来培植自己的心智，并且遵照自己所拟的方法原则，在自己的能力范围内，求在真理的知识上，有最大的进步。这种方法，自从我应用它的那时起，已经给我以最浓厚的兴趣，甚至使我相信，比这种兴趣，再完全的，再纯洁的，尘世上都享受不到。并且因为我借着这种方法，每日有所发明，而且所发明的，在我看来，颇关重要，一般人大都不甚了解其意义，所以我心颇自得，乐不可支，对于旁的事情，都完全不留意了。此外我还可以说，前边三条原则，是完全为继续自学的工作，才计划出来，规定出来的。因为上帝既然赋给每人以一些理智的光亮，使他来分辨真理同谬误，我不能相信，我应当有一刻工夫，可以甘心安于别人的意见；除非在自己能力范围内，先决心来运用自己的判断，把它们考验过一遍。而且即在我依据他人的意见进行时，如果觉得因此失掉了一点利益，防止了我再求到更精确的意见（如果有的话），我仍然不能免于怀疑。末了，我还可以说，如果我觉得有一条道路，由此，既可以求到我所能求得的一切知识，而且又可以达到我所希望的至美至善，可是同时我又不曾遵循着这条道路走，那么在这时，我一定是不能把欲望压止住，一定是不能甘心罢休的。因为我们所追求的事物，既是理解所认为好的，所躲避的事物，既是理解所认为坏的，所以合理的行为，是非需要合理的判断不可的，至善的行为，是非需要最正确的判断不可的，那就是说，要求得一切德行，以及一切真正有价值的品性，也是非需要最正确的判断不可的。那么我们如果不能得到正确的判断，因之也不能得到正确的德性，还能够自足吗？

我准备好这些原则以后，又把它们同我最信仰的真理合拢在一起，于是乃又进而把所余的意见统统地来廓清了。并且因为要增长自己的能力，来完成幽居时所想的那件工作，还得要靠同人们交结，而不能再事离群索居，因此在残冬未尽以前，我又开始了我的旅程。在以后九年中，我一无所事，只是在各地浪游，想着在这个世界舞台中，只当一个观者，而不当一个演员。并且因为我立意要在各种事情上，特别地反省出可疑之点来，并且要证明错误的来源，所以我便慢慢地把从来潜入心中的错误，都拔了出去。不过我所以这样，并非要摹仿怀疑派的哲学家，因为他们只是为怀疑而怀疑，除了犹疑以外，再不求什么的。我的计划，正同他们相反，我正是要找到确信的根据，正是要把松散的沙土扬掷开，好来找到磐石或黏土。在这一点上，我好像是十分成功的；因为在我努力发现我所考察的前提的虚伪或不确实时（我所凭的，只是明白而准当的推论，不是微弱的猜想），我所遇到的事物，没有一件，它的可疑的程度，可以使我不能得到相当准确的结论；纵然我们推论的结果，只是说所讨论的事情没有包含着准确的成分，这也并妨不了结论的准确性。

常见人们在拆倒旧房的时候，往往保留一些旧物，在建造新屋时再来应用，因此，在我摧毁那些根基不稳固的意见时，我所做的好多观察，所得的不少经验，我都把它们应用来重新建立较确实的意见。除此以外，我仍旧继续练习我所拟定的那个方法。因为，除了在一般事情上，我都按照这方法的规则，运用思想以外，我还常常留下一些时间，专用上这种方法，来解决数学上的难题。甚而至于别的科学上的问题，我也把它们从各科中没有相当准确性的原理分开，使它们几乎成为数学的问题，以便解决。这件事实，在此书中所包含的各种例证上，都可明显的看出来。末后我还可以同一些人，比比自己的生活；有些人无所事事，只是想法子如何可以安适而纯洁地度其生涯，因此他们要研究如何可以把快乐从罪恶分开；又有些人，为的安享闲逸，无所疲厌起见，所以要致力于那高尚的企图；这两种人，我在表面上的生活，虽然同他们一样，但在实际上，我仍然进行我的计划，而且在了解真理上讲，我这样所得到的进步，是比我专来读书，专来同文人谈话，所得到的结果还要大的。

在这九年中，我还不能确实地判断，究竟使学者们争讼不休的那些困难，如何才可以了结，而且在这时期，我也还不曾开始追求超乎世俗的哲学原理。我既然分明看到，绝世的天才虽然曾经在往古研究过这些问题，可是在我看来，都似乎没有什么成功可言，所以我便想到哲学实在是一件繁难异常的工作；而且若非我曾经听得人们传说，我已经完成了这个工作，我或者不至于那样快地来从事研究。说也奇怪，我究竟不知道人们这个意见，有什么根据；不过假如我的谈吐，有几分可以使人发生这种议论的地方，那也只是因为我比一般浅学之徒，更坦白地向大众承认了自己的愚昧，也只是因为我或者向人们解释了，我何以怀疑别人认为确定了的那些事理；决不是因为我曾经自夸过任何哲学系统。不过因为我的为人，不愿意名不副实，所以我还想尽力来使自己配得上旁人给我的令名。因此嗣后八年中，我这种欲望便强迫我迁徙到此地（荷兰），因为旧来各处，都是免不了亲故的搅扰的。荷兰地方，因为久战的关系，所以一般的训练很好，所有常备的军队，好像他们唯一用途，只在使居民更能安享和平的幸福。在这稠人丛中，一般人都热心从事于他们的业务，好像只顾自己的事情，而不关心于别人的事情似的，因此我在这儿住着，一面固然对于繁华都市的一切便利，应有尽有，毫无损失，一面又觉得寂静闲适，如在极辽阔的沙漠中一般。

第 四 编

　　要把在荷兰时所有的重要思想，作为这儿谈话的资料，是否合适，我还有些不能自信；因为这些思想太玄奥了，太不寻常了，不是一般人所能领略的。但是要决定，我所打的那些基础是否十分稳当，所以我又觉得非来讨论这些思想不可。我虽然早已说过，纵然很不可靠的意见，我们在实行上，有时也必须大胆地来采用，但是我所注意的，既然只是真理的研索，所以我想我所要的程序，要恰乎与前边所说的相反；而且我应当把那些本无可疑的意见，也要看作绝对虚假的来否认了，好来观察，究竟在我的信仰中，还有完全无疑的东西没有。因此，（一）看到了我们的感官有时欺骗我们，我便假定，凡感官所呈现于我们的东西，都不真是照那样存在的。而且（二）因为我看到了，有些人在几何之最简单的理论上，也有时要推论错误，而陷于谬说，所以我想，我既然也同他人一样容易致误，那么，我以前在解证时所用的那些推论，只好都当作是虚伪的，而加以排斥好了。最后

138

（三）因为我们在醒时所经验的意象，我们在睡时也能照样的经验着，所以我又假定：在梦境中的意象，既然都不真实，那么在醒时进入我们心内的物象，比起梦境的幻象来，也一样没有真实可言了。但是我立刻又发现了，我虽然想把万物都看成假的，不过这种思想，要有一种绝对的条件；就是能这样思想的我，一定要有几分存在；我既发现了，"因有我思，故有我在"，这句话是一条准确明显的真理；虽然怀疑论者，好为恣纵无稽地辩驳，也不能把这条真理摇动了；因此我便相信，在我所研究的哲学中，我可以毫无疑虑地把它当作第一原理看。

于是我又进而仔细考察"我"是什么；结果发现了，我虽然能想象没有我的身体，没有外面的世界，没有我在其中生存的任何地方，但是我终究不能假设"我"的不存在；而且正因为"我"要怀疑其他事物的真理，所以我非存在不可，这乃是很清楚很明显的一种结论。不过在另一方面讲，虽然我所想象过的其他事物，实际上仍然存在着，但是假如我要停止了思维，我便没有理由，来相信有我存在。因此我便得到一种结论；以为我之为我，其全部性质，只系思维，他的存在，既无需乎任何地方，也不依靠任何物质的东西。因此所谓"我"，只是我所借以存在的"心"，它同身体完全不一样，而且比身体也容易觉察，所以就它的性质而论，纵然身体不存在了，它仍然可以继续存在。

此后，我又研究，一种前提的真实明确，在大体上究竟以什么为必要条件。我既然发现了一种真理，而且知道它是真的，所以我想自己也一定可以发现，真理有什么根据，才能成为准确。

结果，我发现了，在"因有我思，故有我在"这几个字里边，也并没有东西，可以给我们以真理的担保，只不过是说，我明明看到，要想思维，必先有我存在罢了。因此我觉得，所谓真的，就是我们能明白清晰认识的东西；这条道理，我们可看作是一条通则，只不过要记得，要决定我们所认识的物象是否明晰，很不容易准确罢了。

更进一步，我又想象，我既然怀疑，一定我的存在不是通体完美的，因为我分明看到，真知比起怀疑来，是较为完美的。因此我又研究，我从什么地方，可以知道有一些东西是比我自己完美呢？于是我又明白认识了，我这个观念，一定是从实际上较为完美的性质来的。说到关于我身以外其他事物的思想，例如天、地、光、热，以及千差万别的物类，我是不难知其来源的。因为，我既是看到，这些思想并没有比我优越的属性，所以我可以相信，假如它们是真的，那么我的本质是比较完美的，可以供它们依托的；假如它们是假的，那么我也不当把这些假东西，看得是从外来的；这就是说，它们仍在我的范围以内，因为我的本质不完美，它们才成了假的。但是说到比我自己完美的本质，我们对他的观念，可就不是这样了；因为他一定有他的来源，无中生有，是不可能的。而且我们要是主张，较完美的东西是次完美的东西的结果，而且依托于次完美的东西，那也是一样的矛盾，所以这种较完美的本质，其不能从我自己出发，也是很明显的。因此我们只得说，我们对于"较完美的本质"所有的观念，一定是被一种比我自己较完美的本质，置入我心以内的。这种本质不但比我自己较为完美，而且包含着我所能想象的一切完美，一言以蔽之，那就是上帝了。再要说的，就是我既然知道了，我还缺少着一些完美，所以我知道我不是存在中唯一的物象（我在此处，乞诸位原谅，要随便应用经院中的专门名词）；正相反的，按照必然的理法，一定有比我更为完美的物象在，我不但依靠着他，并且从他得到我所有的一切。因为如果我能独立自私不依托于任何东西，而且我所有的完美程度，纵然不大，也竟能自己创生，那么，我何以不能把所有的完美都创生出来，而偏偏要来感受缺乏呢？既能得到一切完美，我还不能成为广大无限，永久不变，全知全能的吗？还不能得到"上帝"所具备的一切完美吗？因为要了解上帝的本质并非难事（我们以前的推论，已经证明他的存在），我只须依照自己所有的本质，看看把自己所能想到的诸般属性，完全具备了以后，是否就可以表示出完美来，就够了。我观察了一遍以后，便确乎相信，上帝并没具有任何不完美的属性，同时也没缺少了任何完美的属性。所谓怀疑、无恒、悲哀等等，上帝是没有的。因为我自己也觉得脱离了这些属性才是幸福，上帝当然不能具有使他不幸福的属性了。除此而外，我还可以对于许多可感觉而有体的事物，我也有相称的观念；因为虽然我可以设想自己正在做梦，我所看见的或想象的都是虚伪的，但是我仍然不能否认，我的思想中，实际上还有这些观念。不过因为我早已明白地觉察出来所谓"我"，是由智慧的同身体的两种本性合组而成，而且又看到一切组成的东西，都分明是依属关系，而依属关系的状态，又显然是一种不完全的关系，所以我断定，上帝的完美，绝不是由智慧同身体两种本质形成的，因此上帝之所以为上帝，也不是这样形成的。但是假如世上有任何不完美的身体，不完美的智慧，或者其他不完全的本质，它们的存在仍然依托于上帝的权力，而且离了上帝，它们是一时也不能存在的。

嗣后我便直接来追求其他的真理；我先把几何学者的对象置于目前，把它看作是一种连续体，或是一段空间，无定地在长、宽、高三向扩展开，既可以分为大小不同，形状各异的好多部分，又可以被人排列安置于各种形式；（几何学者设想这些属性都存在于他们所思维的对象中）——于是我便进一步研究几何学上最简单的解证。我首先看到的，就是一般人对于这些解证，之所以都认为它很确定，正是因为人们根据着我所建立的那些规则，把这些解证明明白白地了解过。其次看到的，就是在这些解证中，并没有一件东西，可以使我们相信，这些解证有实在的对象。例如画一个三角形，我虽然知道它的三内角和必然等于两直角和，但是我并不能因此察看出任何东西，可以使我相信有任何三角形存在；再返回来，考察人们对于那个"完美的造物"所怀的观念，我又发现了，完美的造物之所以存在，正因为他的观念中包含着他的必然存在，正如三角形的观念中，就包含着自明的道理，使我们知道三内角的和等于两直角的和一样；亦正如球形的观念中，就包含着自明的道理，使我们知道它面上的各点，与中心的距离是相等的一样；不但如此，上帝的存在比三角形同球形的存在，或者还要更清楚一点；所以我们至少可以说，上帝既为最完美的造物，他一定是存在的，而且他的存在，是同几何上任何解证，都一样准确的。

但是一般人所以觉得这个真理不易了悟，甚至于他们自己的心理亦不易捉摸，那正是因为他们的思想不能超过可感物象的缘故；因为人们若是除了借着想象便不能思想，那么习之已久，他们的思想方法，一定只限于物质的对象，因而凡不能想象的东西，他们都不能了解了。这条真理，我们但举一般哲学家来说明，便可十分了然；因为他们向来守着一种教条，以为凡理解中所有的东西，没有一件不先存在于感官中，而感官中又分明没有上帝同灵魂的观念；但是我觉得人们若是想以自己的想象，来了悟这些观念，那恰好像，想要听声嗅香，而偏来努力使用自己的眼睛一样。我们想以眼听声，以眼嗅香，除非视觉所给我们的确证，同嗅觉听觉所给的确证，一样有效才行；不过在这种情况下，若非有理解出来帮忙，只有想象同感官，是不能使我们相信任何东西的。

说到现在，如果我所推证的理由，仍不能十分使一些人相信上帝与灵魂的存在，我很愿意他们知道，他们素日所认为较可凭信较为真实的前提，也是很成问题的；例如说"我们有一个身体"，"星体与地球是存在的"，等等，都不见得真可靠；因为，我们对这些东西虽然可以凭最高的可然性来相信它们的存在，而且若是怀疑这些东西，也好像有些诞妄，但是这个问题一牵涉到形上学的准确性，我们便有充分的理由来排除极端的自信；因为我们明明看到，在睡觉的时候，我们也可照样想象，自己有了另一个身体，看见了其他星体同地球——而实际上并没有这类东西。我们这样排除极端的自信，无论谁都得承认的，除非他的智慧有了损伤。因为梦境既然同醒时一样活跃，一样清晰，我们如何知道梦中所现的思想，一定比醒时所有的思想为虚假呢？世上绝顶的聪明人，要是爱研究这个问题，只管研究好了，不过他们要是不先假设上帝的存在，我不相信，他们能给我们以充分的理由，把这层疑云消释了的。因为，我虽然说凡我们明白清晰存想的东西，都是真的，而且我把这条原则当作一条规律看，但是这条原则所以准确，只是因为上帝在那儿存在着，只是因为上帝是完美的造物，只是因为我们所有的一切，都是从他那儿来的；所以我们观念的真实程度，一面固然是看它们的清楚明晰的程度而定，一面还得要看它们有几分是发源于上帝而定的。我们的观念所以常常含着错误的成分，只是因为那些错误的观念，是有几分纷乱模糊的，而且也只是从无而有的（消极原理的参加），这就是说，因为我们是不完全的，所以它们才在我们心中纷乱起来。因为我们分明看到，世上的一切虚伪同不完美（只就它是不完美而言），是不会从上帝来的，就如真理同完美亦不能从无而有一样。但是我们如果不知道，我们所有一切真实的事物，是发源于一个完美无限的造物，那么我们的观念无论如何明白清晰，我们也不能因此相信，这些观念，是真实的，是完美的。

如果我们明白地了解了，这条辨别真伪的原则，何以必然要依靠我们对于上帝同灵魂所有的知识，我们便很容易了悟，我们在醒时所有思想的真确性，是不能因为梦境的虚幻而可以丝毫怀疑的。因为人们在梦里也会有了十分明确的观念，比如几何学者在梦中竟会发现一些新的解证；而且我们也不能因为人在做梦，就否认他的解证的确实性；至于说到梦中最普通的错误，它虽然也如外面的感官一样，可以把各式各样的物象，呈现在我们眼前，但是这个也并非有何了不得，因为梦境正可以使我们来怀疑由感官所得到的一切观念；得了黄疸病的人，看见一切物象不都是黄的吗？星体同物体，如果距离远了，所现的形式不是要小些吗？我们既然在醒时也同在睡时一样地常受欺骗，那么不论在醒时在睡时，如果没有理性的确证，我们对于任何事物都不可轻易相信了。诸位要注意，我此处只说了理性，而不曾说到想象或感官；因为我们虽然明白地看见了日头，但是我们不应该说它的大小，只是如我们眼见的那样大；我们虽然会清楚地想象一个狮头羊身的合体动物，而不必定要说外面有一个吐火兽；因为理性并不命令人说，凡我们所看见的或想象的都是真实存在的；不过理性却明白地告诉人说，我们的观念中，是包含着一些真理的；因为如果竟无真理，那么以完全而真实的上帝，何必把这些观念置在我们心中呢？末了我还可以说，在梦中我们想象的活动，虽然有时也很活跃，也很清晰，可以比得上清醒时的推论，但是我们在睡时所有的推论，终久不会如醒时那样明白，那样完备，因此理性又使我们知道：我们所有的思想既然因为我们的不完全，而不能都是真的，那么，那些含真理的思想，一定是发生于醒时的经验，而不发生于梦中的经验了。

第 五 编

从上述的那些根本原理，所推演出的一串真理，我本想在这儿呈示给大家。不过要想如此，应该把学者间聚讼不决的问题，先讨论一下，而我是不想同他们发生纠葛的，因此我想，这一串真理不必在这儿叙述出来，我只是在大体上，提一提这些真理是什么样子；至于要问把这些真理详细地叙述出来，是否有利于公众，那可让聪明人决定好了。我以前所下的决心，我现在仍然固执不移；我总以为最近在解证上帝同灵魂的存在时，我所应用的原则，就是唯一的原则，更不必再假定其他原则；并且任何东西，要是不比几何学者的解证，更为明白清晰，我总不把它当作真的来接受。并且我还敢大胆地说，我不只在短时间内，找到方法，来应付哲学中所常常研讨的那些重要难关，而且我还发现了，上帝分分明明地在宇宙中建立了些规律，又在我们心中，把这些规律的观念分分明明地印进去，使我们在充分地反省过它们以后，立刻会看到，世界上所有的事物都很精确地遵守着它们。

其次，我还可以说，我所发现的这些规律，既然连贯一起，吻合无间，所以我觉得我所发明的许多真理，好像比我已经学着的和原来希望学到的真理，更觉重要，更觉有用。

我本来已经写就一本论文，把一些主要的发明，在那儿试探地阐述出来，不过因为我有好几层顾虑，却没有把那本册子印行出来，因此我觉得，要是在此处，把那本书的内容，约略地加以说明，使人知道我所得的结果如何，那是再方便不过的。我原来的计划是想在那本书内，把我在动笔以前在物质对象的本质方面自以为所知道的一切都包括进去。不过我的做法，是照着画家的样子的；画家往往觉得在一个平面上，不能把立体的各面，都平均地表现出来，所以他们只选择主要的一面，使光线落在上面，而把其余的各面都置在阴处；人们在观看主要的一面时，能看到其余各面的几分，他们就只画出几分来。同样，我也因为恐怕在谈话中，不能把心中所想的都包括进去，所以我决意只把关于光的意见加以阐述（不过在描写的时候，仍是很冗长的）。随后我又乘机论到太阳以及其他的恒星，因为一切的光差不多都是从那儿来的；又论到行星、彗星同地球，因为他们是反射光线的；又特别论到地球上的各种物体，因为各种物体，不是有颜色，便是带透明或是能自己发光的；最后又论到人，因为他是观看这些物体的。并且因为我要把这些复杂的物象，投置在阴处，要想在表示我对于他们的判断时，得到较大的自由，而不必定要采取或排斥学者们的意见，所以我决心任大家自行争辩，毫不过问。我只是说：假如上帝在虚拟的空间中，要造一些物质，来创立一个新世界，而且把这些物质的各部分都搅扰得纷乱起来，结局形成一个混乱纷杂如诗人所想象的混沌状态，从此以后，也不再加丝毫力量，只是把平常的协力（Concurrence），赋给自然，让自然按照他所建立的法则顺势进行——就照这样下去，这个新世界里边，要发生什么变化。根据这个假设，我首先便描写这种物质，把他形容得清楚无比，明晰异常，而且在我心想，好像除了我刚才对于上帝同灵魂所说的话语而外，再没有比得上这种推论的东西。因为我分明假定，我的判断并没有包含着经院中所辩难的那些形式（Form）或属性，他所包含的在大体上都是人心所熟知的，没有一个人会想象自己不知道它。除此而外，我又指点出什么是自然的法则；嗣后我又只根据了上帝的无限完美性，而不根据任何其他原则，来进行推理，因而我就解证出那些稍可怀疑的法则来，并且证明出它们是遍效的，因此上帝纵然另造一些世界，也不会有一个世界，这些法则不能适用于其中。嗣后，我又指示出来，根据着这些原则，这个混沌世界中物质的大部分，如何必然地要把自己安排布置得非现出天的形相来不可；并且指示出，同时物质的某些部分非组成一个地球、一些行星同彗星不可，另一些部分非组成太阳同其他恒星不可。在此时际，我又离开本题，来讨论光，因而费了许多工夫来说明太阳同星球上的光，一定是有什么性质，它如何在天空中经过偌大的空间在一刹那工夫便会穿行到各处，又如何从行星同彗星上反射到地球上。随后对于诸天同星体的实质、位置、运动以及各种性质，我又说了许多话；而且我想，我所说的话，已足够指示给大家说，在我们这个系统中的诸天体同星球里，并看不出什么东西，使他们可以同我所叙述的那个系统中的天体同星球，有什么不一样。跟着我又特别地提到地球，并且指示给大家说，虽然我公然假设，上帝对于组成那个地球的物质并未曾给以重量，这个也不妨碍地球的各部分恰恰地向地心集中；我又指示出，那个地球既然表面上有了水和空气，诸天和天体的自然趋势，尤其是月球的自然趋势，如何一定要引起潮流的涨落，同风水的由东往西的流动，一如我们这个地球上，海洋的潮汐，同热带上风向的转移一样；我又指示出，那些山岳，海洋泉源同河流如何必然地自然就会形成，矿苗如何从矿区中产出，植物如何从田地内生长，并且大概地指示出，普通所谓复合的或混杂的物质，如何可以产生出来；在前所述的那些新发明的东西中，除了星体以外，我又知道只有火可以产生出光来，因此我不辞辛苦，把他所有的属性都描述出来——生火的状况同所用的燃料并且解明为什么有时有热无光，有时有光无热；并且指示出，火如何在各种物体上，能生出各种颜色同各种其他属性来；它如何能把一些东西化成液体，并且能把一些东西结成固体；它如何能把几乎所有的东西消耗了，把它们变成烟同灰；最后又说明，从这些灰烬内，火又如何借着自己的密度，造出玻璃来；而且因为从灰烬变玻璃的这个过程，在我看来很奇异，所以我在描写它的时候，特别感着兴趣。

但是我并不曾因为这些情况，就来推论说，我们这个世界，是照我所描写的那样子创造的；因为上帝造这个世界时，多半是一下就把它造成后来这样子的。不过据神学家公认的意见看来，都以为上帝现在维持世界的动作，也如他原始创造世界时的动作一样；因此上帝在起初纵然只给世界以一种混沌状态，不过他只要建立着一些自然法则，并且给自然以一种协和的动作，使他照着向来的路径进行，我们仍可相信，只照着这种途径，一切纯物质的东西，都可以渐渐地变成现在我们所见的那样子，而且这种信仰，也并无损于创造的神迹性。我们如果想象他们是慢慢地照着这样生成的，倒比想象他们一下就生成完备齐整的样子，还更容易了解一点。

描写了无生命的物体同植物以后，我又进而论到动物，尤其注意的是人类。不过因为我当时还没有充分的知识，可以使我照上研究其余事物的样子，来研究他们，还不能从原因推定结果，还不能指示出自然如何把他们产生出来，并且用什么成分把他们产生出来，所以我便安于一种假说：以为上帝在那个世界所造的人，外面肢体的形式，同内部器官的配合，完全同我们一样；他在创造人时所用的物质，也同我描写的那物质一样；而且起初在那种人身中，也并没有安置了一个有理性的灵魂或任何别的原则，来代替那个植物性的或有感觉性的灵魂；他所有的原则，也只能在心中，燃生起如我叙述过的那样无光之火，那个火也正无异于柴草未干时堆在一起所发生的热，也正无异于在造新酒的过程中，果实未全排除时，能引起发酵作用的那种热。因为，根据这个假设，这种人身体中所应有的机能，一经我考察之后，我便发见了有许多种机能，可以离开我们的思想力独立存在，而丝毫不必假借于灵魂。换一句话说，就是，这些机能不必假借异于我们身体的那一部分，不必假借以思维为自性的那种东西（如前所说）——在这些机能方面，没理性的动物同我们是完全相仿的。只是我在这些机能中，完全找不到只依靠思想而为人类所特有的那种机能，一直到了后来，我一设想上帝已经创造了一个有理性的灵魂，而且按照我所描写的特殊途径，把灵魂附加在那身体上的时候，我才立刻发现出那些机能来。

为使大家了解我如何处理过这层问题，我打算在此处把心脏同动脉的运动加以解释。这种运动既然是动物中最元始最普通的运动，所以他很可以作为例证，来决定我们对于其他运动应该如何着想。为使人们较容易地了解我在这个题目上将要说的话起见，我劝那些不熟悉解剖学的人们，在起始披阅这一段理论之前，来费一点心，把具有肺脏的大动物，在他们面前，先解剖一回，把他们那两个心房先观察观察，因为大动物的心脏是同人类的心脏很相似的。先说，在右边的一个心房，通着两条大管，一条是大静脉（Vena cava），为主要的盛血器，也是脉管的干枝，身上许多的静脉都是他的分枝。一条是动静脉（Vena arteriosa），这个名字不大合适，因为实际上他只是一个动脉，从心脏里发出后，分成许多分枝，散布于肺脏。再其次，左边的那一个心房，也照样通着两道血管，大小比右边的相同或者稍为大一点；第一条就是静动脉（arteria venosa），这个名字，也不合适，因为他只是从肺脏来的一条静脉；他在肺脏中也分成许多分枝，同动静脉的分枝相间杂，又同我们吸气的气管的许多分枝相交织;第二条就是大动脉,他从心房出发后,分出枝流遍布于全身。此外我还希望那些人们仔细观察那十一片薄膜;这十一片薄膜,就如同活门似的,能启闭两个心房中的那四个孔道;三片在大静脉口上,他们安排的情状,无论如何不能阻止了大静脉中的血液流回心房去,可是同时又恰好阻止了向外流动;又三片在动静脉管的口上,他们排列的情形,恰好同前边相反;他们能让心房中所贮的血液自然流在肺脏里边,但是却又能阻止肺脏中血液流回心房内去;还有两片是在静动脉的口上,他们可以使血液从肺脏流入左心房,但是却能搁阻血液的倒流;最后三片是在大动脉的口上,他们可以从心房放流出血液,但是也能防止血液的倒流。我们若是要问为什么薄片的数目正为十一,也不必找旁的理由,因为静动脉的孔道形为椭圆,照它那情形看来,两片已经够关闭它;至于其余的三个孔道,因为都是圆形的,所以非有三片,不能稳当地关闭住。除此而外,我还希望那些人们知道,大动脉同动静脉的组织,比静动脉同大静脉的组织要结实些;知道静动脉同大静脉,在入心房以前,先扩张开,形成两个小囊,人们叫它们作心上房;它们组成的实质也同心的实质相似;知道在心脏中,比在身体上任何部分,有一种较大的热;最后还要知道,这种热,可以使流入心脏的任何血点,都急速地扩张开,就好像其他液体一点一点地流入热度极高的器皿中一样。

明白了这种情形以后,再来解释心的动作,也就不必再为费词;我们只可以说心房的血液一不充满,血液自然就会流进去好了——从大静脉流到右心房,从静动脉流到左心房;因为这两条血管是常充满着血液的，而且他们的吐口既然开向心房，所以在此时是不能关闭住的。这两点血液，因为他们所经的孔道是大的，而且后面又被血管中满溢的血液拥挤着，所以体积很大，一流入各自的心房后，立刻就被所遇的热力膨胀开。因此他们便引起心脏的扩张，同时他们来时所经过的血管口上那五片薄膜，又被压得关闭住，因此又阻止了血液的流入，等到这两点血液慢慢升化了，他们又推开其余两血管口上那六片薄膜，自己流出去；这样又使动静脉同大动脉的各分枝同心脏同时扩张起来。随后，因为流来的血液已经冷了，所以心脏和动脉又开始收缩，六片薄膜又关闭起来，大静脉同静动脉的五片薄膜又重新启开，又使两点血液流进来，结果又使心脏同两动脉照样膨胀起来。因为流入心房的血液，是从名谓心上房的两个小囊来的，所以这两个心上房的运动是同心脏的运动相反的，因此心脏一膨胀，它们便要收缩起来。不过有些人因为不通晓数学解证的力量，不惯于分别真正的理由同或然的假说，所以仍不免不加考察，冒昧地来否认我所说的话；为避免这一层起见，我很愿意让他们知道，我所解释的运动并没有什么稀罕；我们亲眼所看见的心脏中各部分的排列，亲手所摸着的热度，亲身所经验的血液的本性，都使心的运动不得不如此；这正如同钟表中的机械牙轮，它们的力量、地位同形像，使钟表的运动不得不如彼一样。

不过有人要问，静脉中的血液既然不住地往心脏中流注，心脏中的血液，又继续往动脉中流注，为什么静脉中的血液不会枯竭，动脉中的血液不会太满溢呢？为解答这个问题，我们可引一

位英国医生 Harvey 所写的话；他关于这个题目，曾有破天荒的
议论，他首先教人说，在动脉的尖端有许多小通路，由这些通
路，动脉中所受的血液，又可以流到静脉的许多小通路中，慢慢
地又流回心脏里去。因此血液之流行恰好成了一种永久的循环。
关于这个说法，我们在外科医生的日常经验中，可以找到好多证
据，医生们往往把臂上静脉割开用一条带子，在口上边将胳膊捆
挂（松紧要适宜）；这样便使血液流出的分量，比不用带子时较
为旺盛些；但是他们如在破口下边，在手与破口中间，把胳膊捆
住，或把口上边的带子紧紧缚住，情形便与前相反。因为带子如
果缚得不甚紧时，虽然他可以阻止了胳膊中的血液，使他不能
从静脉中流回心脏，但是仍旧不能阻止了动脉中新鲜血液的奔
流，因为动脉的地位是在静脉下边，而且他们的表皮，韧度很
大，是不容易压缚住的；还有一层原因，就是因为从心脏来的血
液，经过动脉流向手边时，比从手边去的血液，经过静脉流回心
脏时，势力要猛些。返回来的血流，既是由胳膊中静脉的破口流
出来，所以绷带下面，朝着胳膊的尖端，一定有一些通路，血液
经过这些通路，才能从动脉中流到破口那边。这位医生把自己关
于血液运动所说的道理，阐发得很透辟；他证明有一些薄膜，照
着活门的样子，排列于管道的各处，他们使血液从人身中部流向
尖端后，恰好又使血液从身体尖端流向心脏；他又证明，从经验
上我们可以看到，动脉要是割开了，全身的血液，马上可以流
干，这就可以见出全身血脉都是相通的。如果不信，我们把紧靠
心脏的动脉捆上，在心脏同绷带中间，将动脉割开，让人们都相

信，动脉中流出的血液，只是从心脏中来，并不是从旁处来的：就这样我们仍会看到血液顷刻可以流尽；这不是全身血脉相通的明证吗？

不过还有其他情况，可以证明我所说的话，实在是血液运动的真正原因。（一）我们看到静脉中的血液所以同动脉中的血液有差异，只是因为血液经过心脏时，升化了一次，提炼了一次，所以它在初由心中流入动脉时，比它方才在静脉中时较为稀薄，较为活泼，较为温热。（二）我们如能更加一番注意，又可以看到，这种差异只是在心脏附近，才可以观察出，在别的地方，就没有那样显著。（三）其次我们可以看到，组成动静脉同大动脉的膜皮，既然那样坚韧，这就足以证明，血液冲击动脉时，比冲击静脉时，势力较为猛些。若不是因为静动脉中的血液，从心脏流出后，只经过肺脏，因而变得，比刚从大静脉流来的血液，较为稀薄一些，膨胀得较为迅速一些，为什么左心房同大动脉比右心房同动静脉要宽大一些呢？而且医生们若是不知道，按照血液的本性，血液可以被心脏中的热度转化得有时比前高，有时比前低，有时比前快，有时比前慢，他们如何借着把脉，就可以推察病情呢？人们若是问，这一种热度如何可以遍传到四肢百体，我们只可以说，这是血液的功用，因为血液经过心脏时，在那儿又重新变热，所以热度可以遍布于全体。所以身体上任何部分，要是没有血液，同时也就失了热度；虽然心脏热得如热铁似的，但是如果它不能不断地传送血液于手足，它便不能使手足保持温度。我们从此亦可以看到，呼吸的真正用途，就是要充分地把新鲜空气换到肺脏里边。这样，血液在右心房中，稀化而变成蒸气似的，流入肺脏时，便可以浓厚起来，转化成新的血液，然后再流入左心房内；没有这种过程，心脏中火的营养是不能顺利的。这个我们可以从各种情形证明；我们看到，没有肺脏的动物，它们只有一个心房，而且胎内的婴儿，既不能运用肺脏，所以他们腹内有一个孔，可使血液从大静脉流到左心房，又有一个管，可使血液从动静脉一直到大动脉，而不必经过肺脏。

再其次我们可以说，若非心脏使热度经过动脉，传到胃脏，并且带着一些较为活跃的血液，帮助胃中食物的溶解，那么消化作用是不能进行的。我们如果能明白，血液在一日中，能翻来覆去，经过心脏一二百次，一次一次都经过提炼，那么由食物浆质转变成血液的那种过程不是更容易了解吗？我们要来解释营养作用，同身体内各种液体的产生，也并非难事，因为血液由心脏内往动脉尖端流动时，它在稀化过程中带着一种力量，可以使血液在所到的各部分，将自己的某几种成分留下，而驱除其旧有的成分，自己取而代之；因为各种成分遇到各种小孔后，便按照小孔的地位、形式同大小，有些就流入某种组织内，有些又流入另一种组织内，就好似筛子的钻孔不同，可以拣择各种谷粒的情形一样。

最后还有一件事情，最值得我们的叙述，那便是元精（animal spirit）所以产生的道理。元精好像微妙的风，更像最纯洁最活泼的火焰，它不断地从心里往脑上跑，而且分量极多，到脑后便穿过神经，到了筋络，使全身都运动起来；所以要解说何以血液中有某种部分特别的活跃，特别的有力，特别地适宜于组成往脑部分进行的元精，我们也不必假定旁的原因，我们只可以说，从心脏中运输血液到脑部的那些动脉，走的是直线，而且他们的数目很多；照着自然中力学的定律，要是许多物体都挤向一点，而这一点又无余地可以容纳它们时，那么那较弱的较不活跃的部分，一定要被较强的部分排斥在一边，而为较强者独占其他位；因此从左心房流向脑际的各部分血液，也按照这些定律呈出活跃的样子来。

在我原来打算印出的那本册子内，我已经把上述的道理，解释的十分详尽。随后我又指示出，人体内神经同脉筋，一定要组织成什么样子，才能使身体中的元精鼓动起四肢百体来，因为我们常见，刚斩下的脑袋，虽然已经失了活力，仍能在地上滚来滚去，甚至于能口咬地皮。我又指示出，在脑中一定要有如何变化，才会引起醒、睡、梦寐等作用；光、音、香、味、热度以及外物的其他属性，如何方能借着感官，把各种观念印在脑里边；饥饿、干渴以及内部其他各种作用如何也能在脑中留下印象。我又指示出，接受观念的通觉（sensus communis）应当有什么意义，保存观念的记性（memory），应当有什么意义。我又特地指示出，想象（fantasy）应当有什么意义，因为想象可以使观念发生各种变化，可以利用旧观念组成新观念，又可以把元精分布于筋络，来引起身体各部分的各种动作，而且动作的样子，不但可以适合于接触我们感官的外物，还能适合于身体内部的变化，有时适合的程度，甚至于离了我们的意志，也可以自然进行。有些人们看惯了人造机械的各种动作，看惯了动物体中所有的许多骨骼、筋肉、神经、动脉、静脉以及其他部分，也不过如机器一样；因此他们觉得人体也不过只是上帝所造的机器，不过比人造机器，组织得异常精致，运动得异常灵活罢了。但是这些人，看了我这儿关于通觉、记忆、想象等等的说法，也不必惊异。为使他们进一步了解起见，我在那本书中，说到这儿，特别停了一会，来指示明白，假如有那样的机器，它的各种机关同外形都同猴子或任何无理性的动物一样，我们自然没有方法来知道它们是否与这些动物的性质相同；不过假如要有一套机器，带着人的样子，而且在可能的范围内，能模仿人的动作，我们仍可以有两种最确定的试验方法，来断定它们不是真正的人类。第一点，它们不能如人类能用言语或记号，把自己的思想表达给他人；因为我们纵然容易想象一个机器，它的组织的样子，可以使它发出声音，并且外物一接触它时，可以使它的机关起了变动，因而也能发出一些回响来，例如，我们如果触着它的某一部分时，它可以问我们要说什么，如果触着它的另一部分时，它又可以叫唤说，它被伤了等等话；但是我们仍然不能设想那套机器，可以如智慧最低的人一样把它的声音适当地排列起来，来回答在它面前所说的话。

　　第二种试验的方法是：这种机器虽然可以做许多事情，不但比得上人，或者比人还要较完美些，但是它们仍然不能做其他某种事情；从此我们可以发现，它们的行动，并非根据于知识，而只是根据于它们机关的趋向。因为理性是普遍的工具，在各种情景下都可以使用，而这些机器的一举一动，是非需要一种特殊的排列不可的。所以，要想有一套机器，它的各部分可以使它在人生各种情况下，都照上理性支配我的方法来活动，那在事实上是不可能的。

借着上述的两种方法，我们也可以分别人与禽兽的差异。因为我们应当十分注意，世上的人纵然愚昧无智，如同一个傻子，他也不至于不会把各种言辞连贯起来，组成一串语言，把他的思想表达给旁人；而在另一方面，也没有任何禽兽（纵然它的构造同环境安排得十分完美），可以照着人来动作。这种无能亦并非起因于机关的缺陷，因为我们常常看到野雀同鹦鹉可以模仿人类的发音，但是它们仍然不能跟着人来说话，这就足见它们不能了解它们所说的。但是说到人类，纵然他们生而聋哑，比起禽兽来，还更为缺乏说话的机关，但是他们习而久之，自然会发明一套记号，而且同他们往来的人，要是有闲工夫来习他们的话，他们便可以用这些记号，把自己的思想表达给听众。这不但足以证明，禽兽比人的理性少，并且足以证明，它们是完全没理性的。因为人要是想学说话，并用不了多少才具；而且我们既然常常看到，在同一种属中，禽兽的才具也有一种不平等性，有些比旁的易于教训，也如人们一样；那么，同一种属中，最完备的猴子同鹦鹉，何至于不如人类中最蠢愚的婴儿，或是至少说比不上疯子呢？这不是证明禽兽的灵魂，本性就完全同人类不一样吗？我们在此，也不当把言语同禽兽们表示感情的自然运动混为一谈，因为这些运动，是可以被机器模仿的。有些古人们，以为我们虽然不懂得动物的言语，而动物自在那儿说话；这个意见，我们也实难赞同。因为如果真是这样，那么它们既然赋有许多与我们相似的器官，它们应当很容易地，把自己的思想，传达给我们，也如传达给它们的同伴了。

我们还当说的就是：有些动物虽然在某种动作上，好像比人们还更要勤勉奋力，但是它们在好多其他动作上，便又不能表示自己的勤勉；因此它们纵然比我们做得好，也不能证明他们具有心智，因为如要承认这一点，就得说它们所有的理性比人还高，在任何事情上，都可以超过我们；所以我们从这一点，反足以证明它们没有理性，证明它们的动作只是"自然"按照它们器官的趋向所发动的。我们不见，钟表只有几件轮摆，就能打点计时，比我们用任何技术都精确吗？

说了这些话以后，我又把有理性的灵魂描写了一回，并且指示出，这个灵魂万万不能如我说过的其他物体一样，可以从物质的能力中，演生出来；它一定是特意创造出来的。我又指示出，灵魂在身体中，如果仅如领港者在船上一般，这还不够（只有在运动他的肢体时，或者可以够了），它必须同身体结合得更为紧密一点，才能有了同我们相似的感觉同嗜好，才能成为一个真正的人。我在结论中，特地关于灵魂的问题，讨论了许多，因为这是最重要的一个问题。有些人不承认上帝的存在，我想我已经把他们的错误反驳倒了，但是又有些人，以为禽兽的灵魂，同我们的灵魂一样，所以我也不能不加以辩正。我想这个意见，最容易引诱心志薄弱的人，离了道德的正路，因为他们以为人死后便如苍蝇同蚂蚁似的，既无希望，也无恐怖。我们如果能了解，身体同灵魂委实不一样，我们便可以了解，为什么灵魂的本性可以完全独立于身体之外，而且不至于跟着身体同归于尽。最后我们还可以说，我们既然看不到有旁的原因可以毁灭灵魂，所以我们自然会相信，灵魂是不灭的了。

第 六 编

上述的那篇论文完成以后，到现在已经有三年的工夫了；可是正当我要起始校正，来把它印行的时候，却因为一些人的意见，不得不改变了原来的计划；因为这般人们我向来是很尊重他们的，而且他们对于我的行动所有的权柄，也几乎不下于我的理性对于我的思想所有的影响。这时候方才有人印了一部物理学，这部书，我虽然不能说我很信从它，但是在它未受检查时，我也并没有看到，书中有什么地方可以为祸于宗教同国家，并且我觉得，只要我的理性能证明书中的道理，那么就是我要写一段文字把自己对它的意见发表出来，也不至触犯了大众。然而这部书中的一些道理后来竟然被我所尊重的那些人所弃绝；因此我觉得，我虽然一向小心翼翼，对于没有明白解证过的新意见，不愿轻易信仰，对于能伤害任何人的意见，不愿加以赞同，但是我仍然恐怕，我那些道理中，不免有一二处离了真理的地方。因此我便停止了印书的计划；因为原来使我下决心来印书的理由虽然很强，但是我的本性本来就不乐写书，遇了这层情形，更使我立刻发现了几层理由，以为不印行那书，也可以原谅过去了。我所持的那些理由，颇有意味，因此我觉得，要把它们讲述出来，不但对我自己有几分利益，而且对于大众也是有利益的。

我个人心想的事情，我从来并不以为有何不得了；因此我虽然应用着自己的方法，探求真理，但是我觉得如果自己只能借此方法解决一些思辨科学中之困难，只能依据这种方法所教我的原理指导我个人的行为，而没有更进一步的成功，那么我实在没有出版的必要。因为说到容貌举止，除了天命的万民首领，除了天生的先知先觉，有觉世牖民的热心以外，人们只要有自由权来改良自己，差不多个个都有充分的智慧，人人都可以当一个改良家。因此我的思想，虽然使我喜欢异常，但是我仍然相信，别人也有别人的思想，而且他们的思想或者使他们更觉喜欢，也未可知。但是到了后来我已经求得了物理学上一些普通观念，并且在许多难点上把这些观念试验过，看到了它们的作用到了什么程度，它们比起从来的物理学原理来有什么差异——一到了那时候，我就立刻感到，人类的存在，既然端赖人人努力来增进公众的幸福，那么我若是把这些观念隐藏起来，岂不是故意违犯这条法则吗？因为我看到，我们若是遵循着这些观念，定会得到最有益于人生的知识；而且我们也可借此发现一种实用的哲学，来代替经院中所教的那种空想哲学。有了这种实用的哲学，我们便可以明了火、水、空气、星宿、天气以及环绕我们一切的东西，都有什么能力，有什么作用；就如我们明了工匠的各种技术似的，而且我们还可以如工匠应用技术似的，把这些能力同功用应用到适当的地方，好使我们成了自然中的法王。我们期望这种结果，不但为的可以发明各式各样的艺术，来安享地球上的产品同一切幸福，并且特别是为的健康的保全，因为健康分明是人生最根本的幸福；而且因为心境的好坏，全看人身各部分的调适与否，所以我们如果能找到任何方法，可以使人们变得更聪明更伶俐些，我相信那只有求之于药力了。不过，现在药物科学所讲述的东西仍然很少有特别显著的功效；因此我相信，任何人，纵然就是那些以行医为业的人，都承认，现在所发明的药品，比起未发明的，总是毫不足道的（我说这话自然没有怀着诋毁现在药物学的一点意思；因为现在的实况，委实如此）。如果我们能对于身心的各种疾病，以及使人衰老的种种原因，都有充分的知识，并且知道在自然中，有什么救济方法，我想疾病也可以免除，甚至于寿命也可以延长。所以我打算费上毕生的精力，来研究这种科学，并且我相信，我所遵循的途径，无论何人来走，都可以达到预期的目的。不过因为单人的研究，容易被年岁的短促同实验的缺乏所限，所以我想，要来防止这两种阻碍，最好是忠忠实实地，把自己所能知道的一点玩儿，报告给大众，好激发起比我聪明的人们来继续努力。他们如果能按照自己的兴趣同才力，施行各种必要的实验，并且把自己所发明的事物报告给大众，让后人来赓续前人的事业，把各时代许多人的成绩都堆积在一块儿，那么通力合作的结果，比起个人单独的研究来，一定要有更迅速的进步。

我曾经说过，一个人的知识愈进步，他愈需要实验。因为平常的事物，可以自然地呈现于感官，而且稍加思索，都可了解，所以初学者，从习见的事物入手，反而比一直研究深奥难懂的现象，要合适一点。因为不习见的事物所以令人迷惑，正是因为平常的事物，还没有了解清楚；正是因为不习见的事物，它的情景特别微细，不容易察觉出来。不过关于这点，我曾经采取了下列的步骤：第一步，我把万物的普遍原则先找出来，只把创世的上帝作为万有根源，而排斥了其他概念；只认万事万物，都从人心中自然存在的真理种子中，演化出来，除此而外，再没有其他源泉。第二步，我又进而考察，从这些普遍原则，能引申些什么最平常习见的结果。结果我觉得天体、星宿、地球以及地球上的水、气、火、矿等等，都是最习见的，最简单的，最容易了解的。后来我又想从这些普遍的原理，降而研究特殊的事物，但是在这时候，森罗万象，纷陈眼前，令我感觉到，人们若非利用各种特殊实验，据果寻因，那么以渺小的心智，来分辨世界上的各种物类，是绝不可能的，因为除了地球上的事物以外，上帝所造的东西，所要供人用的东西，正多得无限啊。因此我把感官所得到的印象，在心中辗转思维了以后，便大胆地申说，我所碰到的事物，没有一件不可用上我所发见的原则圆满解答。并且我敢向人承认，自然的力量虽然伟大无边，但是我这些原则，也简易概括，无所不包，因此我所遇到的任何特殊事情，件件都可以立刻从这些原则由各种途径内推演出来。所遇到的最大困难，只是有时不易决定某种事情，在何种途径下，依属于这些原则罢了。因遇到这种困难的时候，我虽然想以某种实验来解决他们，但是实验的结果亦不同；我们若以此种法式来解说，结果是这样，若以另一种法式来解说，结果又是那样。关于其余的事物，我想我现在可以清清楚楚地看到，应该采取何种方法，来做许多的实验，以证明我的理论。不过我同时看到，应做的实验又纷杂又繁多，纵使我的进款，比现在再大一千倍，恐怕也难以通通举办，况且我自己的两手，也没有兼备众艺呢。因此我将来在研究"自然"时，所有进步的大小，一定要看我以后能有多少工具，来做实验了。这便是我写那篇论文时，希望让人知道的一点，除此而外，我还明明白白地把公众由此所能得到的利益，叙述出来，我想人们若是真正关心人民福利，真正心存利物，而不只是貌为有德，名为好善，他们一定会被我的话所感动，把他们所做过的实验告知我，并且在将做的试验上，能够帮助我的。

但是自此以后，我又发现了旁的理由，使我不得不改变意见，停止出版。不过我仍觉得，凡我所得的结果，如果我能证明他们的真理，都可立刻写出来，并且写的时候，也当刻意求工，一如要出版的一般。我所以采取这种步骤，为的是两种原因：一则为的我可以借此机会，来仔细考验那些结果，使自己有较大的进步，因为给公众阅读的书，不比专给私人自用的书一样，它是非精详审查不可的（我已经认为真理的道理，往往在写的时候，发现出它的错误）。二则为的我可以不至丢掉增进公共幸福的机会，因为如果我的著述包含一些真正价值，那么在我死后，那些有机会读我书的人们，一定会把我的结果利用在正当途径上。不过写虽然写，我总不愿意在我生时把书籍印出来，因为书籍一出，毁誉交至，不免耽误时光，阻碍自己的进步。因为虽然人人都应当竭力为他人谋幸福，而且无益于世的人，亦不值得生活，但是我们，不妨超过当下，顾虑将来。因此如果我们着眼于后代人们更大的幸福，那么在努力完成时，虽即对于当时人们有利的事情，暂付阙如，也无不可。

我很愿意让大家知道，我所求得到的一点知识，比起我所不知道的，比起我将来不至于求不到的知识，实在渺乎其小。因为在科学上渐渐发明真理的人，就如同已经致富的人一般，虽在获得较大的进益时，亦觉得优游自在，比起以前贫穷时，稍营微利，亦觉为难的样子，自然大相径庭了。科学家还可以比于军队的司令，虽然愈能得胜，军队可以愈多，但是在身遭惨败时，比争城争地得了胜利时，更得需要较大的机智，来团结那些残余的步伍。因为科学家，实在整天在那儿打仗，在那儿努力克服那些阻止达到真理的困难同错误；若是关于最普遍最重要的事情，他接受了错误的意见，他就算打败了仗，想得恢复以前的地步，委实不易，比起根据完全证实的真理，一直往前迈进时，还得需要较大的技术。说到我自身，假如我已经在发明真理上得到成功（我相信此书中所讲的可以证明我已经发现了一些）。我敢说这些真理是我征服了五六种最大的困难以后，得到的结果；因此我同这些困难会合，就好比一场战争，结果是我得了胜利了，我还可以不客气地讲，除了还须得到二三种相似的胜利以外，我相信，要来充分实现我的计划，在准备上是没有缺陷的；并且我相信，我的年纪，还没有十分老大，照着自然的寻常程序，我还可以有充分的闲暇，来完成这个计划。不过我愈想把时间利用到适当的地方，我愈觉得非节省所余的时光不可；但是如果把我的物理学原理印出来，我知道一定要把自己的时光消耗了。因为我的原理虽然很明显，人们只要了解它们，就可以同意它们；虽然一条一条原理，我都可以给以充分的解证；但是它们万不能同别人各式各样的意见，都相契合，因此我觉得，这些原理一印出来，定要引起反对，不免常常把我搅乱得离了原来的大计划。

人们或者会说，这些反对并非无益，一则可以使我觉察出自己的错误来；二则假如我的思想含着一些真理，印出来也可使人们了解得更充分一点；三则因为人众见识广，旁人如果能利用我的原理，他们也可返回来以他们的发明来帮助我。不过我虽然自认，自己极易陷于错误，而且对于第一次发现的思想，常常不敢自信，但是据我所经验的，旁人对于我的见解的反驳，实在不能使我期望从他们得到什么利益。因为我不但对于与我为友的人们，同与我不相干的人们，常常证验过他们的判断；就是有些人心怀恶意同忌妒，极力想发现出我的朋友们因偏向之故所隐匿了的错误，我也把他们的判断证验过。不过一经考验以后，我看到，除了离题太远的东西，凡他们所攻击我的地方，几乎没有一样是被我忽略过的；因此我从来所遇到的批评我的意见人们，在我看来没有一个比得上我的郑重严肃，比得上我的坦白不偏。此外，我还看到，经院式的辩论，从来不曾把从前未发现的真理阐述明白；因为在这种情形下，人人都竭力求胜，都想把似是而非的理论，说得极其中听，从不想在问题的两造，衡量衡量真正的理由。至于平素为我自己鼓吹的人们，当然扭于成见，在后来也不能判断得宜了。

至于说我的思想传出后，旁人可以得到利益的话，我想我也没有多大利益给人们；因为我的思想，还不曾完全成熟；在实际应用以前，应该添附增加的地方还多得很咧。而且我可以很坦白地说，如果有人能把我的思想，继续引申，那么我比旁人还来得近一点。这并不是说世界上没有比我聪明万倍的人，不过是说，一个人对于从旁人学来的东西，比对于自己发明的东西，不能把握得更亲切自如罢了。这层道理，应用到现在我这个题目上，更觉真切，因为我虽然曾经把自己的思想，解说给理解力很敏锐的人听，而他们在我说的工夫也好像很明白我的意思，但是让他们重述一遍，他们差不多把我的意思完全变了，甚至使我不能承认他们所说的是我的意思。因此我很盼望后代人们，对于道听途说，不经我自身出版的东西，万万不要相信；说到这儿，我又想到，著作不传于世的古代哲学家，他们所以好像狂妄可笑，原是被后人所讹传，因此，就不奇怪他们了。他们的思想，我总想不真是荒谬的，因为他们分明是当时最有理解力的人，不过以讹传讹失其真相罢了。因此我们看到，无论在哪一方面，后来的信徒们，很少有人能超过他们；而且我相信，现在亚里士多德的信徒们，他们只要能尽数得到亚氏对于自然的知识，纵使他们不能再进一步，他们也觉得很幸福了。在这一点上看来，他们就好像爬藤一样，从不企图爬过支持他的树顶，而且纵然在爬到顶上以后，也每每折回来。因为在我看来，有些人对于原著者所明白解释过的道理，往往知道了还不满足，常爱拿上难题，向原著者求答案，实则对于这些问题，不但原著者没有说过一字，并且想也未必想到；因此他们虽然继续研究，反而愈来愈糊涂，倒不如适可而止，还不致上升后再反跌回来咧。不过他们那种推论的方法，对于一般庸才，倒是很合适；因为他们所用的原理同名相，都晦涩异常，所以他们说起任何话来，都带着很大的自信力，好像他们真都懂的似的，而且他们同最聪明机警的人争辩起来，也好像反驳有力，不致辞穷，总不让旁人指摘出他们的错误来。实在说来，他们真好像一个瞎子，想得同睁眼人，以平等的条件来交战，先要让明眼人，下到黑漆深洞里去。因此我若不把我所利用的哲学原理印了出来，这些人们，倒觉得有点便宜，因为我的原理，异常简单异常明白，要把它们印出来，正无异于把窗子打开，让阳光透进他们交战的洞内。

说到天才优越的人，他们也不必着急要知道我的原理，因为如果他们所期望的，只是要什么都懂得，只是要求得自己富有学问的名誉，那他们只好安于貌似的真理，而不必远求了，因为这些似是而非的道理，是到处可以发现，并没有什么困难的；反之要来求真正的道理，那只得一步一步地研钻，而且就是慢慢地走，我们也不能同时都求到，也只能求得几部分，因此说到其他部分时，我们还必须老老实实地承认自己的愚昧。进一步说，如果他们真正爱好关于一部分真理的知识（这种知识诚然是可爱好的），而不愿自炫其无所不知，如果他们愿意选择一条与我相似的途径，那么除了我在此处所说过的话，他们仍然不必再事追求。因为如果他们能比我有较大的进步，他们一定更能发现我所发现的一切；因为我研究任何事相，都是按部就班的，所以未发明的一定比我已发明的是更困难更深奥的，因此人们与其从我学习，毋宁自己来发现，为痛快了。此外，他们如果能从简易的起手，慢慢一步一步地，养成一种循序渐进的习惯，那比受我的教训，还要有益得多。就以我自己来说，如果我现在所解证的道理，自幼即毫不费力地有人教我学习会，我相信，除了这些以外，我或者再不会知道什么；至少也可以说，一定不会养成现在这种习惯同熟练，在致力于研究时，能按照努力的程度，求到新的真理。末了，我还可以说，如果世界上有一件工作，除了创始者，他人便不能尽美尽善地，赓续其成，那便是我所经营的那一件工作了。

说到能完成这种事业的各种实验，自然一个人是难以胜任的。不过为便利起见，他除了自己以外，也不必假手于他人，有时只可以利用工匠的手艺罢了；因为这些人，他可以给以工资，而且因为他们有爱财心理的推动，所以他支使他们做什么，他们都可以做到精确的地步。因为旁的人们，如果为好奇心同求知欲，自动地来贡献一些义务；不但他们口头上的承诺超过他们实际的动作；不但他们所想的精妙计划，一件也不能实现；而且他们一定要期望实验者报答他们的辛苦，或者把难点解释给他们，或是至少也得说几句恭维话同通套话；这样一来，他在周旋上所费的时间，不是都白白损失了吗？至于说到人已经做过的试验，他们纵然愿意把自己的结果报告给实验者（凡认实验为密宝的人，都不肯告给他人），但是因为大部分的实验，都有许多连带情节，同许多不相干的成分，所以想来分辨真理同附带的条件，也十分困难。除此以外，他将会看到，那些人们会把他们的实验描写得很糟糕，甚而至于很虚伪（因为那些做实验的人们，只愿意在实验中找到与他们原理相合的事实），因此，在所有实验中，纵然有几种与他的目的相吻合的，但是他既然要费上许多时间来行选择，结果仍不免得不偿失。因此世上如果有任何人，确乎能够发明最有价值，最有益于公众的东西，同时其他的人，都想尽心竭力，帮忙他那计划的成功，我想他们所能给他的贡献，只不过对于实验的费用，代为支付一些；或者只不过阻止不速之客来搅扰他罢了，除此以外是无能为力的。说到我个人，我并不十分自负，来向世人自夸我将来会有任何成功，我也不愿意异想天开，以为大众会对于我的计划，感到兴趣；不过在另一方面讲，我自己的心地还不至于鄙卑的，使我接受过自己不配接受的恩惠。

因为这许多理由，所以我在以前三年中，不愿意把我写就的论文印行出来，并且决意，在我生时，凡涉及普遍原理的论著，如果能使人测得我的物理学原则的，我都一概暂缓发表。不过自从那时以后，我发现了两种理由，使我不得不在此处添述一些特殊的举例，向大家叙述我的行为同我的计划。第一层理由就是：假如我不写出一些东西来，那些知道我原来有意印行一些著作的人们，一定会想象到，所以使我停止印行的理由，并不见得靠得住，只是我故意托辞罢了。虽然我不曾过分地希冀世上的光荣，虽然因为我一向好静，人世荣耀不免搅乱了我的自在，使我不得不嫌憎它，但是同时我也并不曾把自己的行动如罪犯似的刻意隐藏起来，也不曾极意防范，使自己的声名泯没起来；因为我觉得那种做法对不起我自己，而且我若有心韬晦，反使自己局促不安，不免与一向所羡慕的心境的澄静相抵触。不过在事实上，虽然我既不重名誉，又不事韬晦，然而毕竟不能阻止不虞之誉，因此我觉得竭力求免于讥评，乃是分所应为的事。

我所以写出这些哲学举例的第二个理由就是：我一天一天感到我那自修的计划，因为缺乏好多的实验，进行得太迟缓，所以我不得不写出自己的意旨来，求大众来帮助那个计划的完成。而且我虽然不敢自诩，以为公众会对于我的事业，有所赞助，但是职责所关，我也不愿让后人多所指责，因为我如果不把自己经过的原委告知大众，后人们一定会说，假如我有意使他们知道我一向所走的途径，好使他们来帮助我那计划的完成，我便不应当这样简略从事，应该详详细细地告诉他们。

我原来想选择几件事情来加以说明；我的标准是，这些事情，既不引起许多争论，又不要强迫我，在自定的限度以外来解释我的原则，同时还得很清楚地呈示出我在科学中所能成功或不能成功的事情来。我本想这事很容易，不过究竟我成功了没有，我还不敢说。至于别人对于我的著作的判断，我也不愿意借自己对于自己著作的判断，来预先推想。不过如果有人来考察我的著述，我也就荣幸已极；并且为提起大众考察的兴味起见，不论任何人，如果对于我的著述，有所反驳，我请他们费神把自己的意见交给我的印刷者；印刷者转达我以后，我好同时想法子把我的答词附加在上边。这样读者便会看到两造的理由，便更容易决定真理在哪一面。这个并没有什么困难，因为我不喜用冗长的答辞，只要认识了自己的错误，便干脆地加以承认；纵然认不出自己的错误，必须自行辩护时，也只把必需的事也加以申说；从不再牵涉到新事物的解释上去；这样便不至于说了一层又一层，来回周折。我在《折光学》同《气象学》两篇一起首所说的事情，因为我好像不关心它们的证据，而且只把它们叫作假设，或者令人一看，会引起人的不满；不过我请读者们耐心地细心地通体读下去；我想这样迟疑以后，他们或可得到满足。因为我看到，这些论文内的理论，都互相连贯，前者为后者之因，可以解证后者，后者为前者之果，又可以解证前者。不过人们可不要说，我在这儿，犯了论理学家所说的循环的谬误；因为我们的经验既然证实：这些大多数的结果是很明确的，所以这些结果所从出的原因，与其说是"证成"结果的真实，不如说是"说明"结果的存在；反之，结果的真实，倒是足以证成原因的真实。我所以称它们为假设，也没有别的用意，只不过使人知道，我本可以从我先前所解释过的重要真理，把它们推演出来罢了；而我所以故意不这样推演出来的缘故，乃是要防止有些人们，利用这机会，我的原理上边，建立起一套浮泛的哲学，致我有作俑的嫌疑。因为那些人们以为旁人费了二十年工夫所想出来的东西，只要向他们略道一二，他们便可以在一日中精通无余；而且那些人们，要是愈伶俐，愈乖巧，他们愈易陷于错误，愈不易认识真理。至于说到真正完全是我自己的意见，因为他们不一定是新的，所以我也不必向大众求谅我的冒昧——因为我的确知道，如果人们把我那些意见的理由，好好考量一番，一定会看到，它们是十分简单，十分与常识接近，比起他人对于同样题目所持的意见，一定要更近情，更入理。我也并不自翊为真理的最初发明家，我只是声明，我所以采取这些意见，并不是因为人们主张过它们，也并不是因为人们没有主张过它们，只是因为理性向我证明它们的真理罢了。

工匠们纵然不能把我在《气象学》中所解释过的发明，立时就制作出来，我也不相信任何人有权利来鄙弃这种发明。因为我所计划的机器，他们想要造作出来，配制出来，一定需要良好的技艺同练熟，而且一丝一毫，不敢忽略了才行。因而他们如果在第一次试验时，就能成功，那就无异于把一套美妙的乐谱，置在一个人面前，他在一天中就能成为一个善奏六弦琴的人一样，焉得不使人惊异呢？人们或者问到，法文是我国的土语，拉丁文是师长的雅言，我为什么弃拉丁文而用法文呢？我可以回答，那是因为我希望，那些能无偏颇地运用天赋理智的人们，比那些徒留心于古代著述的人们，更能判断出我的意见，是否合理。至于那些又有见识又好学的人们，我是希望他们做我的判官的，不过我相信他们绝不会偏向拉丁文，而且也绝不会因为我用俗语来解释我的理论，便要掩耳却步。

此外，关于我希望将来在科学上所要做的进步，我现在还不愿意说一些具体的话，并且也不愿意拿自己还没有把握的工作，贸然向大众预约必定成功；我所要说的只是：我已经下了个决心，在我有生之日，愿把所有的时光，都用之于努力获得关于自然的知识，除此以外，对于其他事物，一概置之度外；就是这种自然的知识，也以能使我们在医学中寻出比现代知识较为准确的原理为限。此外我还可以说，我对于其他事情，兴趣很不相近，尤其对于那些利弊相连的事情，更觉厌恶，因此，假如有任何情景强迫我从事那种事业，我也不相信我可以成功。这一点是我要向大众声明的，虽然我很明白，声明了以后，世人也绝不会因此看得起我；老实说，我也并不想望世人如此地看重我。只要无论谁能够赞助我，使我能得安享闲静，不受骚扰，我一定非常感谢他，比感谢那些能给我以人世间极度光荣的人们，更要真切。

附　录

笛卡尔传

关文运　编译

笛卡尔（René Descartes，一五九六至一六五〇）一五九六年三月三十一号生于法国杜陵省（Touraine）的拉海（La Haye）地方。他的父亲名叫岳基（Joachim），曾充伦诺（Rennes）议会的议员，他母亲是一个高等法官的女儿，名叫琛纳·卜罗韩（Jeanne Brochard）。笛卡尔是他们的第三个孩子。在拉海地方，笛卡尔出生的那所房子，乃是由他母亲承继于他外祖母的。他母亲死于一五九七年五月，当时笛卡尔才一岁稍多些。十年以后岳基·笛卡尔迁居到不列唐尼（Brittany），在那里又结了第二次婚。笛卡尔和卜罗韩两家族中，许多人都是有学问的。人们一向以为他的祖先大半是从戎的，所以觉得笛卡尔的科学造诣是一个例外，实则并不如此。他先人从戎的故事，我们应当抛开不谈，因为这个稗史之起，是由于人们把他的学医的祖父和另一个同名的军官相混了。

笛卡尔在身体方面从来是不健壮的。不过他在幼年就早已呈露出过人的心理能力,因此,他父亲就常叫他为小哲学家。在一六○四年,当他八岁时,他就被送到安如(Anjou)省,拉弗里舍(La Fleche)地方一个耶稣教派(Jesuit)的学校里。这个学校当时是被亨利第四(Henry IV)新近才建立的,并且由他给与基金,他的意思是要借此和耶稣教派交好,耶稣教派中有一人在一五九四年曾设法谋刺过他。在笛卡尔住此学校的后一期内,当校长的是神父查理(Father Charlet),他是笛卡尔的一位亲戚,自然对他特别关心。在学校中特别有关照他的责任的是神父丁奈(Father Dinet),这位神父后来成为路易十三(Louis XIII)和路易十四(Louis XIV)的领忏者(Confessor)。

笛卡尔在其学校生活的前五年,是致力于普通学校的课程,尤其是致力于古典语言的研究。后三年,则依次研究逻辑和伦理学、数学和物理学,以及形上学。他的身体需要一种特别的放任,所以学校容许他任意在任何时候待在床上。所以他后来的一大部分工作似乎是在床上做的。但是他在研究方面并不感困难。他很从容地精通了各种课程,尤其在数学方面显其特长。在后来的许多年中,他曾经严厉地批评过他在学校时代研习的课程。不过我们很难说,那些批评究竟在何种范围内表示出他在学校时的真实感情来。那些批评或者是过后的思想。但是无论如何,那些批评不是特别对他的学校而发,乃是对当时一般的学术状态而言(正如培根在其《崇学论》中的批评一样)。对于他的学校,他常保持一种热情的爱慕。后来他和布尔丁(Bourdin)

及维舍（Voetius）发生了争论时，他还请教他以前学校中的老师，神父丁奈。笛卡尔一生总对耶稣教派特别关心。在后几年中他的最大的野心似乎就在于把他的哲学介绍进拉弗里舍和其他耶稣教派的学院内。不过关于他的学校生活和他的朋友们，我们没有可以利用的详细材料。在后来，他的亲密的朋友内曾有几个拉弗里舍的旧日学生，马林·麦生（Marin Mersenne）是其中最显著的一位。（麦生大约长于他七岁。）不过在一六二二年以前，我们不曾见到他们互相认识的痕迹。

笛卡尔在一六一二年离开了那个学校。在一六一三到一六一六年中间他似乎是在波亚垒（Poitiers）大学读书，在一六一六年十一月他毕业于法科。他的较长的兄弟已经是一个律师，但是他并不曾被法律事业所吸引，他似乎准备一种军事生活。因此，他就专心来学骑马和击剑，并且曾经写了一部论剑术的书。不过我们对于他由一六一三年起到一六一七年中间的所作所为，几乎完全不知道什么。在一六一八年，他离了法国，显然是要在荷兰求得一种军事的经验。他在不列达（Breda）曾在总督毛虑斯公（Prince Maurice）的军队内充当义勇兵。不过关于他的实在的军职，我们并没有任何证据。他在不列达居留时，只有一件可注意的事情，就是他无意中遇到了一个数学同志。那个人名叫毕克门（Isaac Beeckman），是道尔（Dort）学院的一位校长。——数学对于军事工程学是很有用的，所以那位总督在不列达所有的交游中，就有一大些数学家。在没有紧要的事务时，有些人为消遣起见，就出了一些题目，贴在城墙上，让人来解决。

有一天，笛卡尔正想明了用荷兰文所写的这样一个难题的大意。他于是就转身来请一个旁观的人，把那个题目给他翻成法文或拉丁文。那个人就是毕克门，他照笛卡尔的请求，给他翻译出来，并且带戏弄的样子，让这个法国的武备学生来解决那个问题。笛卡尔在两天以内就把他的答案带给毕克门看，于是那两个萍水相逢的人就逐渐发生了友谊。笛卡尔给了毕克门一个手抄本，名为《代数论》(*Essay on Algebra*)；又给了他一部《音乐纲要》(*Compendium of Music*)，并且把此书题献给他。关于笛卡尔此期的生活，只有毕克门日记中所记录的些许事件；那种材料是近几年所侥幸发现的。

在一六一九年四月笛卡尔离开了荷兰。他原来计划着一个广泛的旅程，由亚姆斯特丹(Amsterdam)到考朋海京(Copenhagen)，再由考朋海京，经波兰、匈加利、波希米，到巴伐里亚。到巴伐里亚的这个十分周折的途程，似乎是不得不然的，因为由荷兰直到巴伐里亚的那条途径是不安定的，原因是，在两地中间的地带有军事动作。不过我们并没有什么证据，说笛卡尔曾经实现了他这个计划。我们只知道他那一年夏天在法兰克(Frankfurt)，并且亲见皇帝菲丁南(Ferdinand)加冕时的盛宴。那年秋冬两季他似乎是在多恼河上乌尔姆(Ulm)附近的一个乡村内度过的。表面上他是参与着开始了三十年战争的那场战役。实际上他似乎是在研究数学问题。乌尔姆是以出数学家驰名的，其中的法尔漠柏(Faulhaber)，笛卡尔或者在那里遇见过他。他在乌尔姆时，可注意的地方，就在于他曾在那里经验过一种光明和一种幻梦。他的大部分时间似乎都消耗在沉思默想人类知识的这个问题上。疑虑和黑暗的心境袭击着他，他因而祈求光明的来到。到那时候为止，在他的一切研究中，只有一种是他所实在满意的，那就是数学。他以为数学的确实性正可归功于它的方法的特质。在一六一九年十一月十号，他洞悟了，数学的方法，或者更精确的说来，解析几何的方法，可以扩展到其他的研究之上。这个思想如一个神圣的启示似的，笼罩了他的全部心境。于是就跟着有三次梦。在第一个梦里，他似乎跛了，并且被一场暴风雨所迫，来在教会中找寻避身之所。在第二个梦内，他听到雷声，并且看到他周围有火花。在第三个梦里，他碰巧翻开奥生尼（Ausonius）的诗，于是他就瞥见这几个字：Quod vitae sectabor iter？（我应该遵从哪一条人生途径呢？）这一次的全部经验给了他很深的印象，使他发愿朝拜洛雷洛（Loretto）的圣母像去（注一）。对于这一串琐事，一个人可以用精神分析法加以种种的解释，但是不论如何，这件事情对笛卡尔有很深刻的影响，他看见光明了。或者正在这个时期，他在代数学、几何学和方法学方面，获得了基本的观念。在一六二〇年到一六二八年之间，他大部分是从事于阐述这些观念，应用这些观念。

在一六二〇年，笛卡尔游行奥大利和波西米。据说，他曾在巴伐里亚公爵的军队中当义勇军，来反抗新教的王子们，此外，他还参加过多次战争，其中包括着扑拉格（Prague）附近的白山（White Mountain）战争。（白山战役的结果，新教的王子们失败了，弗列狄克第五[Frederick V]也覆亡了。这位弗列狄第五就是伊丽莎白公主［Princess Elizabeth］的父亲。）但是并没有可靠的证据，使我们可以断言，他曾有过这些可疑的企图，要在他的头的周围，围绕上武功的圆光。恐怕他实际上连火药的烟味也未曾闻过。在一六二二年四月，笛卡尔又返回法国，在这一年中，他有时住在伦诺，有时住在巴黎。在一六二三年三月，他又因为家务事情到了意大利。一六二四年五月十六（升天节），他是在威尼士的，并且亲见象征的海婚（The Adriatic）（注二）。由威尼士他就去朝拜洛雷塔的圣母去。一六二四年圣诞节他是在罗马的，一六二五年他在罗马亲见天主教所庆祝的大会式（Jubilee）（教皇在此式中赦免旅客们的罪过）。他归来时曾经过佛罗伦萨（Florence），不过他不曾在那里去访迦利略（Galileo）去。这位洛雷塔的朝拜者，我们难以希望他对一个半异端，如迦利略者，表示同情。

似乎正在这个时候，笛卡尔很诚意地打算卜居于意大利，不过那里的热度是他所受不了的。所以他就返回法国，以下的三年，他一半住于乡村，一半住在巴黎。他因为在巴黎和一些有学问的人们接触了，所以就把他的哲学的和科学的野心刺激起来。主教长卜卢列（Bérulle）、麦生和弥达智（Mydorge）是特别使他受感动的。有一时期他曾研究光学，同时有精于制造透镜的法雷耶（Ferrier）来帮助他。不过巴黎的烦嚣杂乱是不容易使人得到结果丰富的工作的。因此，笛卡尔就决心要到荷兰找一个僻静地方，以便专心致志来研究哲学和科学的问题。他已经见够了大世界的扰攘喧哗，他渴望找寻一个幽静的处所，以便集中思想，专心研究，免得受亲故的搅扰和世虑的纷心。他已经把他的产业卖了，并且把所得投资出去，以求得到一宗安适的进款。他的朋友，毕克（Picot）和麦生给他在法国照顾他的利益。于是他就可以自由到他所爱的地方住去。

在一六二八年秋，笛卡尔走到荷兰。十月八号，他到了道尔德雷希（Dordrecht）。此后他的一生差不多都在荷兰度过。因为种种理由，他的住所曾经搬了好几次。不过我们知道他曾在什么地方住过，而且也大概知道他是什么时候住过的。他在荷兰的第一次住所是在法兰乃克（Franeker）（Groningen 附近），他在那里住了两年（一六二八到一六三〇年）。他的《指导人心的规则》（*Rules for the Direction of the Mind*）就是在这里写的（一六二八或一六二九），虽然它是在一七〇一年才印行出的。我们还可以记得，他的最早的被人所知道的著作，《代数论》和《音乐纲要》，也是在不列达写的（一六一八）。事实上他的全部著作差不多都是在荷兰写的。由一六三〇到一六三二年又由一六三三到一六三四年的这两个时期，他居于亚姆斯特丹。亚姆斯特丹当时在许多方面就如伦敦一样。另一个在十七世纪曾在那里居住过的法国人，曾描写亚姆斯特丹说，"它是欧洲最美的一座城"。笛卡尔分明在那里过着美丽的生活。他在给巴尔札克（Balzac）的信（一六三一年五月十五号，由亚姆斯特丹发）中曾经表示，他对于自己在那地方的生活很为满意，并且列举出几条理由来。

他说："在我现在所在的这个大城市里，除了我以外，人人都忙于自己的职业，都热心谋自己的利益，所以我在这里住一生也没有人来注意我。在通衢的混乱错杂中，我每日散步，可是我的自在安闲正如你在你的花园中的游路上一样。我观察我在路上所见的行人正如你观察你在你的树林中所见的树一样，或在那里吃草的牲畜一样。就是他们的喧嚷之声也并不能搅动了我的幻想，正如河流的潺潺声不能搅动了我一样。当我们观察他们的活动时，我所得到的快乐正如你观察农夫们耕你的田时所得到的一样，因为我看到，他们的一切劳苦都足以妆饰我的住所，供给我的需要。如果你看到果园中生出果实来，就要感到快乐，……那么你以为我在看到各种船只带来印度的一切产品和欧洲的一切珍奇时，没有同样的快乐么？在这个地方，人生的一切安适品，和人们所能欲望的一切珍宝，都很容易找到，在全世界上你还能找到这样一个地方么？在这地方，你可以享到很完全的自由，你可以很安心地睡眠，而且还有许多军队随时可以保护我们，在这里，毒杀、谋害和诽谤是比较少有的，而且在这里还有先民的淳朴遗风，你再能找到这样一个地方么？"

在一六三二年，笛卡尔迁居到戴温狄（Deventer）。在这里他遇到海兰（Hélène）；那个女子在一六三五年给他生了一个孩子。那个孩子命名为法朗信·笛卡尔（Francine Descartes），五岁时就死了。在戴温狄时，笛卡尔在一六三三年听到宗教裁判所把迦利略定了刑，因为他拥护哥白尼的地球绕日说。笛卡尔在此以前已经把他的《世界论》（The World）一书写起大半，其中曾采用了哥白尼的假设。他于是立刻抛弃了他的原来计划，不再来完成此书、印行此书。一六三三年的一部分和一六三四年是度在亚姆斯特丹的。以后笛卡尔就迁到乌特雷西特（Utrecht），以便和他的第一个弟子伦诺里（Reneri）相接近。

由乌特雷西特笛卡尔又迁到莱顿（Leyden），他在莱顿前后住了两次，一次是由一六三六到一六三七年，又一次是由一六四〇到一六四一年。在第一次居留此处时，他曾印行了他的论文集，其中包含着《方法论》《折光学》《气象学》和《几何学》。在第二次居留此处时，他曾印行了他的《第一哲学沉思集》（*Meditations on First Philosophy*），其中并附着亚尔诺德（Arnauld）、加孙第（Gassendi）、霍布士（Hobbes）以及其他诸人的反驳，和他自己的答辩。由一六三七到一六四〇年，笛卡尔住在生特浦（Santpoort）。在莱顿住了第二次以后，他就在一六四一年迁到英哲斯特（Endgeest）（莱顿附近），他在那里一直待到一六四三年。在这里，他曾被索尔伯耶（Sorbière）所访，索尔伯耶是法国的一个廷臣、旅行家和闲谈家，他曾把笛卡尔在英哲斯特的生活和环境加以有趣味的描写。下边是他所叙述的。"我们很欢喜这位先生的谦和，和他的家园。他住的那个小别墅，环境很美，它邻近一个伟大精美的大学（莱顿大学），离宫廷只有三黎格，离海不到两小时。他有充分的仆役，都是精选出的优美人材。他有一个精致的花园，花园外复有果园。周围尽是草原，草原上立着高低不齐的一大些尖塔，一直到远处的地平线中，它们只成了一些小点。他可以借运河在一天以内达到乌特雷西特、狄列夫特（Delft）、罗特丹（Rotterdam）、道尔德里希、哈尔兰（Haarlem）或亚姆斯特丹。他可以在海牙（Hague）待半日，晚上返回来，而且他这个漫游是沿着世界上最美的道路，经过美丽的草原和庭园，再经过这个村庄边境上的一个大树林。那个村庄不亚于欧洲最美的市镇，而且有三个宫廷可夸。"

不过在同时，笛卡尔也有他的不自在的地方。他的主要思想在未印入书中的几年以前，就已经被一些学者们知道了。在一六三四年，他的学说已经有一部分被伦诺里在乌特雷西特大学用以教人。笛卡尔在一六三五年所以要搬到乌特雷西特，正是为帮助伦诺里这种工作。一六三七年他的《方法论》出版以后，就使笛卡尔同比利时、荷兰、法国的一些数学家发生了许多争论——尤其是同菲玛（Fermat）。笛卡尔此后的生活中不断有各种争论，那些争论有时很使他忿恨，而且他在一六四九年所以决心要迁移在斯屠克和姆（Stockholm）或者也与此有关。这些争论中最不快意的或者就是他和维舍（G. Voetius）的争论。维舍是一个新教的神学家，是乌特雷西特大学的校长。当伦诺里死了以后（一六三九），爱弥里（Emilius）在其出葬时的演说中，曾赞扬这个已死的学者和笛卡尔的交谊，并且偶尔也赞扬笛卡尔自己。维舍听见了这个消息，大为惊慌，于是就趁机会把新哲学的无神倾向暗示出来，因为他所主张的是古代哲学，他的神学也是和古代哲学相关联的。在一六四一年，乌特雷西特大学的另一个教授，雷济（Regius）曾经公开宣传笛卡尔的一些论题，结果使维舍大为震惊，所以他就劝乌特雷西特的长官和那个大学，实行赞助旧哲学而排斥新哲学的判决。在一六四二年笛卡尔把他的《沉思集》又印了第二版，附着一封给丁奈的信，信中并有攻击维舍的话语。维舍因此大为震怒，所以他就向当地长官有所申诉，于是乌特雷西特的长官们就传见笛卡尔。笛卡尔却没有到场，只是给了他们一封信。于是他们又第二次传见他，并且对他加了一种缺席判决。幸亏有大势力的朋友们在海牙给他说项，事体才不至于扩大了。乌特雷西特的长官们在一六四五年只是下命令说：以后不许印行任何东西来反对新哲学或拥护新哲学。此外，笛卡尔又曾被莱顿的一些教授们所攻击。最甚的就是，他不久和雷济也争吵起来，因为维舍和他所以寻隙，主要的原因正在于雷济以挑逗的态度来宣传笛卡尔主义——也不管自己真懂不懂这个主义。

但是笛卡尔在荷兰虽有一些仇敌，可是他还有一些朋友和崇拜者，在他的崇拜者内有一位就是伊丽莎白公主（Princess Elizabeth）。这位公主是弗列狄克第五（Frederick Ⅴ）的女儿。这位王子在扑拉格（Prague）战争失利以后（一六二〇年十一月），就把波西米和巴列汀奈特（Palatinate）失掉，而且他在德国的财产也被人剥夺了。他逃到荷兰，带着一个大家族住到海牙。在他的宫廷内，伊丽莎白似乎是最好读书的一个人。在笛卡尔印行其《方法论》时，她大约有十九岁。她很有兴趣地读了这部书，并且把《沉思集》也读了。他们的认识是在一六四〇年。后来在一六四四年，笛卡尔又把他的《哲学原理》题献给她。在他所给她的那个献辞的信里，很能表示出她给了笛卡尔以如何深的一个印象。

笛卡尔在一六四三年离了英哲斯特，他在一六四四年居于埃格蒙·奥·登·赫甫（Egmond aan den Hoef）。他在荷兰最后的住址是在埃格蒙·宾南（Egmond-Binnen），离聪丹（Zaadam）不远。在这里他写了他的《灵魂情感论》(*Treatise on the Passions of the Soul*)（一六四九）。

在一六二八到一六四九的二十一年间，笛卡尔只有三次到过法国，一次是在一六四四，一次是在一六四七，一次是在一六四八。他最后这一次回国是因为皇家的一种年金，并且希望在巴黎获得一个合意的重要的位置。但是他到巴黎，正在不利的时候。那时正当着内战的前夜，所以他就空手返回荷兰。

同时法兰西驻外外交代表商诺（Chanut）又在斯屠克和姆使瑞典女王基里斯廷纳（Christina）注意笛卡尔的哲学。跟着他和女王就通书信。在一六四九年二月，笛卡尔就被请赴斯屠克和姆去。笛卡尔起初不愿意去。瑞典派了一个海军司令去迎接他。他仍然是迟疑。但是他终究在一六四九年九月离了荷兰，到了瑞典的宫廷。基里斯廷纳女王接见了他两次。他在宫廷中曾任过各种职务，但是都不投其所好，他因此后悔自己离开荷兰。后来他们规定好，笛卡尔每星期晋谒女王三次（每次都在早晨五点钟），来把他的哲学教给女王。不过此地严冬的寒威，和这种非常早的时间，是笛卡尔所不能忍受的。因此，他在一六五〇年二月一号就得了病，十日以后就死了。

此传根据大英百科全书中 Abraham Wolf 的原作编译。

注一　Loretto 是意大利 Ancona 附近的一个小市镇。那里的一个教堂内立着所谓圣殿（Santa Casa），据说那个圣殿是在一二九四年由拿撒列（Nazareth）凭神迹移到那里的。

注二　海婚乃威尼士的古礼，相传一一七七年威尼士击败帝国舰队以后，教皇亚历山大三世以金戒一只授于共和主裁，作为操纵海权之纪念，嗣后每逢耶稣升天节，主裁则乘舟入海，投一金戒指于海，并且告海说，我威尼士娶汝海为妻，永谐和好。意思是说，海之属于威尼士，正如妻之属于夫一样。威尼士人称此大典为娶海。

西方哲学经典影印

01. 第尔斯（Diels）、克兰茨（Kranz）：前苏格拉底哲学家残篇（希德）
02. 弗里曼（Freeman）英译：前苏格拉底哲学家残篇
03. 柏奈特（Burnet）：早期希腊哲学（英文）
04. 策勒（Zeller）：古希腊哲学史纲（德文）
05. 柏拉图：游叙弗伦 申辩 克力同 斐多（希英），福勒（Fowler）英译
06. 柏拉图：理想国（希英），肖里（Shorey）英译
07. 亚里士多德：形而上学，罗斯（Ross）英译
08. 亚里士多德：尼各马可伦理学，罗斯（Ross）英译
09. 笛卡尔：第一哲学沉思集（法文），Adam et Tannery 编
10. 康德：纯粹理性批判（德文迈纳版），Schmidt 编
11. 康德：实践理性批判（德文迈纳版），Vorländer 编
12. 康德：判断力批判（德文迈纳版），Vorländer 编
13. 黑格尔：精神现象学（德文迈纳版），Hoffmeister 编
14. 黑格尔：哲学全书纲要（德文迈纳版），Lasson 编
15. 康德：纯粹理性批判，斯密（Smith）英译
16. 弗雷格：算术基础（德英），奥斯汀（Austin）英译
17. 罗素：数理哲学导论（英文）
18. 维特根斯坦：逻辑哲学论（德英），奥格登（Ogden）英译
19. 胡塞尔：纯粹现象学通论（德文1922年版）
20. 罗素：西方哲学史（英文）
21. 休谟：人性论（英文），Selby-Bigge 编
22. 康德：纯粹理性批判（德文科学院版）
23. 康德：实践理性批判 判断力批判（德文科学院版）
24. 梅洛 - 庞蒂：知觉现象学（法文）

西方科学经典影印

1. 欧几里得：几何原本，希思（Heath）英译
2. 阿基米德全集，希思（Heath）英译
3. 阿波罗尼奥斯：圆锥曲线论，希思（Heath）英译
4. 牛顿：自然哲学的数学原理，莫特（Motte）、卡加里（Cajori）英译
5. 爱因斯坦：狭义与广义相对论浅说（德英），罗森（Lawson）英译
6. 希尔伯特：几何基础 数学问题（德英），汤森德（Townsend）、纽苏（Newson）英译
7. 克莱因（Klein）：高观点下的初等数学：算术 代数 分析 几何，赫德里克（Hedrick）、诺布尔（Noble）英译

西方人文经典影印

01. 拉尔修：名哲言行录（希英对照）[待出]

02. 弗里曼（Freeman）英译：前苏格拉底哲学家残篇

03. 卢克莱修：物性论，芒罗（Munro）英译
　　爱比克泰德论说集，马可·奥勒留沉思录，乔治·朗（George Long）英译

04. 西塞罗：论老年 论友谊（拉英对照）[待出]

05. 塞涅卡：道德文集（拉英对照）[待出]

06. 波爱修：哲学的慰藉（拉英对照）[待出]

07. 蒙田随笔全集，科顿（Cotton）英译

08. 培根论说文集（英文）

09. 弥尔顿散文作品（英文）

10. 帕斯卡尔：思想录，特罗特（Trotter）英译

11. 斯宾诺莎：知性改进论 伦理学，埃尔维斯（Elwes）英译

12. 贝克莱：人类知识原理 三篇对话（英文）

13. 马基亚维利：君主论，马里奥特（Marriott）英译

14. 卢梭：社会契约论（法英），柯尔（Cole）英译

15. 洛克：政府论（下篇）论宽容（英文）

16. 密尔：论自由 功利主义（英文）

17. 潘恩：常识 人的权利（英文）

18. 汉密尔顿、杰伊、麦迪逊：联邦论（英文）[待出]

19. 亚当·斯密：道德情操论（英文）[待出]

20. 亚当·斯密：国富论（英文）

21. 荷马：伊利亚特，蒲柏（Pope）英译

22. 荷马：奥德赛，蒲柏（Pope）英译

23. 古希腊神话（英文）[待出]

24. 古希腊戏剧九种（英文）

25. 维吉尔：埃涅阿斯纪，德莱顿（Dryden）英译

26. 但丁：神曲（英文）

27. 歌德：浮士德（德文）

28. 歌德：浮士德，拉撒姆（Latham）英译

29. 尼采：查拉图斯特拉如是说（德文）

30. 尼采：查拉图斯特拉如是说，康芒（Thomas Common）英译

31. 里尔克：给青年诗人的十封信 杜伊诺哀歌 致俄耳甫斯的十四行诗（德文）

32. 加缪：西西弗神话（法英），贾斯汀·奥布莱恩（Justin O'Brien）英译

33. 荷尔德林诗集（德文）

崇文学术译丛·西方哲学

1.〔英〕W.T.斯退士 著，鲍训吾 译：黑格尔哲学
2.〔法〕笛卡尔 著，关文运 译：哲学原理 方法论
3.〔德〕康德 著，关文运 译：实践理性批判
4.〔英〕休谟 著，周晓亮 译：人类理智研究
5.〔英〕休谟 著，周晓亮 译：道德原理研究
6.〔美〕迈克尔·哥文 著，周建漳 译：于思之际，何所发生
7.〔美〕迈克尔·哥文 著，周建漳 译：真理与存在
8.〔法〕梅洛-庞蒂 著，张尧均 译：可见者与不可见者[待出]

语言与文字

1.〔法〕梅耶 著，岑麒祥 译：历史语言学中的比较方法
2.〔美〕萨克斯 著，康慨 译：伟大的字母
3.〔法〕托里 著，曹莉 译：字母的科学与艺术[待出]

4.〔英〕麦克唐奈（Macdonell）：学生梵语语法
5.〔法〕迪罗塞乐（Duroiselle）：实用巴利语语法
6.〔美〕艾伦（Allen）、格里诺（Greenough）：拉丁语语法新编
7.〔英〕威廉斯（Williams）：梵英大词典
8.〔美〕刘易斯（Lewis）、肖特（Short）：拉英大词典

中国古代哲学典籍丛刊

1.〔明〕王肯堂 证义，倪梁康、许伟 校证：成唯识论证义
2.〔唐〕杨倞 注，〔日〕久保爱 增注，张觉 校证：荀子增注[待出]
3.〔清〕郭庆藩 撰，黄钊 著：清本《庄子》校训析
4. 张纯一 著：墨子集解

唯识学丛书（26种）
禅解儒道丛书（8种）
徐梵澄著译选集（6种）

出品：崇文书局人文学术编辑部

联系：027-87679738，mwh902@163.com

我
思 ®

敢于运用你的理智